Manuel
de combat spirituel

Du même auteur :

Dans la collection « Monastère invisible »

Le Notre Père, échelle du Salut, Paris, Mame, 2013. Préface du Cardinal Philippe Barbarin.

Aux Presses de la Renaissance

Les Derniers Jours de Jésus, (avec Victor Loupan), Paris, Éditions de l'Œuvre, 2012. *Rééd.* d'*Enquête sur la mort de Jésus.* (Disponible chez l'auteur.)

La Puissance des divines promesses, Paris, Presses de la Renaissance, 2009. (Épuisé.)

Anges et démons : l'Enquête, Paris, Presses de la Renaissance, *rééd.* 2009. (Épuisé.)

La Vie rêvée de Jérémy, (avec Jérémy Gabriel), Paris, Presses de la Renaissance, 2007. (Épuisé.)

Enquête sur la mort de Jésus, (avec Victor Loupan), Paris, Presses de la Renaissance, *rééd.* 2005. (Épuisé.)

Les Démons de Dan Brown, (avec Victor Loupan), Paris, Presses de la Renaissance, 2005. (Épuisé.)

Ce à quoi je ne crois plus, Entretiens avec Robert Serrou, Paris, Presses de la Renaissance, 2001. (Épuisé.)

ALain Noël

Manuel de combat spirituel

Sortons de nos conflits intérieurs
pour livrer le bon combat

MONASTÈRE INVISIBLE

MAME

Collection « Monastère invisible »
dirigée par ALain NOËL

Cette collection a pour vocation de publier des textes
de spiritualité pratique pour aider les chrétiens à vivre pleinement
leur appel à la sainteté.

Les textes bibliques sont tirés de plusieurs traductions. Pour connaître la source d'une citation, se référer à l'index des sources bibliques citées, page 227.

Abréviation de note : *CEC = Catéchisme de l'Église catholique.*

Pour les non-initiés aux codes bibliques :
Nom du livre, numéro du chapitre, numéro du verset :
Jean 1, 12-14 : Évangile de saint Jean, chapitre 1, du verset 12 au verset 14.

Direction : Guillaume Arnaud
Direction éditoriale : Sarah Malherbe, David Gabillet
Direction artistique : Élisabeth Hebert
Édition : Pauline Trémolet, Anne-Sophie Rahm
Compositeur : Text'oh - Dole
Fabrication : Thierry Dubus, Audrey Bord

© Mame, Paris, 2014.
www.mameeditions.com
ISBN : 978-2-7289-1776-1
MDS : 531 315
Tous droits réservés pour tous pays.

*« Frères, redoublez d'efforts pour confirmer
l'appel et le choix dont vous avez bénéficié ;
en agissant ainsi, vous ne risquez pas de tomber.
C'est ainsi que vous sera généreusement accordée
l'entrée dans le royaume éternel de notre Seigneur
et Sauveur Jésus Christ. »*
(2 Pierre 1, 10-11)

ADRESSE AUX LECTRICES
ET AUX LECTEURS

Peu importe le moment où ce livre tombe entre vos mains. L'essentiel, c'est qu'il y soit et n'en tombe pas.

Peu importe que l'on soit au début du Carême ou en son milieu ou même à sa fin ; que l'on soit au temps de l'Avent, à la Pentecôte, ou à n'importe quel moment du temps liturgique ordinaire ; si vous avez ce manuel, c'est que le moment, le bon moment, le moment favorable est arrivé.

Tout est disposé dans votre vie pour que vous puissiez vous lancer dans ce combat, en vous y préparant, en vous y entraînant.

Ce livre est plus qu'un manuel de combat.

C'est un guide sur la manière de vivre à la suite du Christ pour remporter la victoire de la vie sur la mort.

En ayant ce livre entre les mains, il va falloir faire vôtres des passages d'Évangile qui vous ont peut-être choqués, que vous avez jusqu'à présent rejetés, ignorés :

Ce sont les violents qui s'emparent du Royaume des cieux.
(Matthieu 11, 12)

Ne croyez pas que je sois venu apporter la paix sur la terre ; je ne suis pas venu apporter la paix, mais l'épée.
(Matthieu 10, 34)

Si quelqu'un vient à moi sans me préférer à son père, sa mère, sa femme, ses enfants, ses frères, ses sœurs, et même à sa propre vie, il ne peut être mon disciple.
(Luc 14, 26)

Se lancer dans la bataille de la vie n'est pas une mince affaire, d'où les exigences de Jésus qui sont là pour nous ouvrir les yeux, nous fortifier. Vouloir se lancer dans une bataille sans vouloir vaincre est suicidaire. Mieux vaut rester esclave et continuer à manger des oignons et des melons dans nos prisons (Nombres 11, 5). Le combat que nous livrons est essentiel dans la vie humaine. Le Christ nous l'a dit, montré et prouvé.

Le moment est venu de savoir ce que l'on veut. Mieux ! Ce que l'on désire vraiment.
Est-ce que nous voulons vivre notre vocation de baptisés et prendre au sérieux l'appel du Christ ?

Ou, bien que baptisés, nous contenter d'une vie d'esclaves bénéficiant de quelques aménagements destinés à nous faire accepter l'inacceptable : l'esclavage ?

C'est la question qu'il faut se poser au début de ces pages, avant de se lancer dans la bataille, sûr de la victoire.

Que l'Esprit Saint vous éclaire en ce sens.

POUR NOUS METTRE DANS LE BAIN

J'ai une bonne et une mauvaise nouvelle à vous annoncer. Selon les tempéraments, les uns préféreront la bonne d'abord, la mauvaise ensuite ; ou inversement.

Afin de ne pas empiéter sur les goûts liés à votre tempérament, je vous invite à aller consulter la bonne nouvelle page 219 et la mauvaise nouvelle page 223. Une surprise vous attend !

Ce qui a un jour attiré mon attention au sujet du combat spirituel, c'est ce que saint Paul dit dans sa Première lettre à Timothée : « *La recommandation que je t'adresse, Timothée, mon enfant, selon les prophéties faites précédemment à ton sujet, c'est que, d'après elles, tu combattes le bon combat, possédant foi et bonne conscience.* »

Il lui redira un peu plus tard : « *Combats le bon combat de la foi, conquiers la vie éternelle à laquelle tu as été appelé et pour laquelle tu as fait une belle profession de foi en présence de nombreux témoins* » (1 Timothée 1, 18 ; 6, 12).

Puisque Paul demande à Timothée de livrer le « bon » combat, c'est qu'il y en a un mauvais. De plus, le terme grec recouvre deux aspects : le bon et le beau. Le combat proposé, non content d'être bon, est aussi beau, car nous combattons pour une noble cause avec de beaux moyens. Notre cause est bonne et belle. Nous avons de quoi en être fiers.

Depuis cette prise de conscience, je n'ai eu de cesse de discerner ce que sont le bon et le mauvais combat. J'ai appris beaucoup à travers l'approfondissement des Écritures, ma propre expérience spirituelle, l'accompagnement spirituel et la prédication de retraites sur ce thème. Ce sont ces fruits que je désire partager avec vous dans ce livre.

Vivre, c'est combattre !

Pas un matin sans se faire violence, pas une journée sans défis à relever.

Comme tout homme vivant sur cette terre, nous sommes atteints par ce que le *Catéchisme* appelle la *concupiscence* :

> La nature humaine n'est pas totalement corrompue : elle est blessée dans ses propres forces naturelles, soumise à l'ignorance, à la souffrance et à l'empire de la mort, et inclinée au péché (cette inclination au mal est appelée « concupiscence »). Le Baptême, en donnant la vie de la grâce du Christ, efface le péché originel et retourne l'homme vers Dieu, mais les conséquences

pour la nature, affaiblie et inclinée au mal, persistent dans l'homme et l'appellent au combat spirituel[1]. »

Nous sommes appelés à lutter pour ne pas nous dégrader. Nous n'avons pas d'autre choix si nous voulons être tout simplement des hommes.

La question qui se pose à nous et que, bizarrement, nous ne nous posons que très rarement, est la suivante : « Pour quoi je combats ? »

Quel est le but que je veux atteindre ? Qu'est-ce que je veux conquérir ?

Et si cette question n'est pas posée aussi clairement : où me mène le combat que je mène ?

C'est souvent dans les situations extrêmes que l'on en prend conscience. Combien de fois j'ai entendu dire de tel malade : « Il a cessé de se battre. » En réalité, quelle que soit sa croyance, il a perdu la foi en la victoire. Conclusion, il s'est laissé mourir.

Se battre est donc l'une des caractéristiques de la vie… ou de la survie (selon le regard que l'on a) en ce monde. Or, il est bon de vérifier deux aspects de ce combat :

1. Est-ce que je mets en œuvre les bons moyens ?
2. Quel est le but pour lequel je combats ?

---

1. *CEC*, § 405.

Le chrétien n'est pas exempté de ce questionnement. Pour lui, ce questionnement est essentiel, mieux encore : existentiel.

Voyons pourquoi, comment, contre qui, avec quoi, nous avons à nous battre.

NOS PRÉPARATIFS AU COMBAT

Avant de nous lancer dans le combat, deux choses sont importantes :
- identifier clairement l'ennemi, sinon nous courons le risque de tirer sur nos propres troupes ;
- apprendre à manier les armes, sinon nous risquons de nous tirer une balle dans le pied – ce qui n'est guère avantageux dans le combat.

Nous devons nous préparer en période de paix, car lorsque nous entrons dans le combat, il est trop tard pour nous poser certaines questions. Notre attention sera en grande partie accaparée par la situation dans laquelle nous serons plongés. Tous les combattants le savent : il faut acquérir des automatismes, donc être entraîné.

C'est ce que dit saint Paul aux Éphésiens (nous l'appellerons Paul dans l'ouvrage, car il sera notre compagnon de route) : « *Afin qu'au jour mauvais vous puissiez résister et, après avoir tout mis en œuvre, rester fermes* » (6, 13).

Une bonne préparation au combat est la meilleure manière d'engager le bon combat et d'être sûr de la victoire.

Il n'a jamais été dit par Jésus ou par Pierre, Paul, Jacques ou Martin, que notre vie chrétienne serait un long fleuve tranquille. Au contraire, ils ne nous ont pas pris au dépourvu lorsque le combat est venu : ça va être dur, nous allons en baver... mais ça vaut le coup d'y aller !

D'ailleurs, peut-on vivre sans en baver ? Je ne crois pas. Regardons la peine, les renoncements, les choix douloureux que font ceux qui se consacrent à acquérir les biens de ce monde. Souvent ils m'émerveillent et me culpabilisent tant ils sacrifient tout à leurs ambitions. En proportion des biens éternels que je poursuis, j'ai l'impression d'être un dilettante.

Identifier clairement l'ennemi

Savoir identifier l'ennemi implique au préalable de savoir avec qui et pour qui nous nous battons. Connaître l'identité de l'ennemi implique une connaissance de nous-mêmes et de ceux avec qui nous combattons.

Nous avons vu dans le chapitre précédent que, sur Timothée, il avait été prononcé des paroles prophétiques. Ce n'est pas de la divination ! Ce sont des paroles qui confèrent un statut, une mission et les moyens de l'entreprendre.

Sur nous aussi, des paroles prophétiques ont été prononcées... au jour de notre baptême. Paroles qui nous ont faits « prêtres, prophètes et rois[1] ».

Que demander d'autre ? Que nous faut-il de plus ? Si ce n'est d'entrer plus avant dans le mystère de notre vocation, de découvrir et d'adhérer à notre identité véritable.

S'initier au maniement des armes

Nous verrons en détail, dans la seconde partie de l'ouvrage, les différentes armes mises à notre disposition par Notre Seigneur pour pouvoir œuvrer à la venue du Royaume.

Il est d'une grande utilité de s'habituer à leur maniement en lisant des vies de saints. Certains peuvent penser que les saints sont une catégorie à part et que leur vie ne correspond en rien à la nôtre. C'est vrai tant que nous ne prenons pas au sérieux notre vie de baptisés. Mais si nous en comprenons le sens, la grandeur, l'utilité pour le salut du monde, alors là, leur vie sera un exemple ô combien important pour nous initier et nous stimuler dans le combat.

---

1. *CEC*, § 783-784 ; 1241.

N'oublions pas non plus que les saints, avant de se retrouver dans une niche ou sur un piédestal dans nos églises, ont été des hommes et des femmes comme nous. Ils ont appris à mener le bon combat. Nous pouvons donc reconnaître dans leur cheminement intérieur des lieux que nous traversons, nous aussi.

Tous les saints ont lu et médité la Parole de Dieu. L'initiation au maniement des armes passe par cette étude et cette méditation. La méconnaissance des Écritures et de l'enseignement de l'Église (*Catéchisme de l'Église catholique*) est un grave handicap pour le combat.

Le manque d'intériorisation me fait penser aux récitations de l'enfance que l'on croyait savoir mais que l'on ne savait pas par cœur.

Je sais que le « par cœur » est mal vu de nos jours. Pourtant l'expression est belle et riche de sens. Il faut que notre intelligence alimente notre cœur pour pouvoir restituer, dans les pires conditions, ce qui est au plus profond de nous et livrer ainsi le bon combat.

SORTONS DE NOS CONFLITS INTÉRIEURS

CESSONS DE NOUS BATTRE CONTRE DES MOULINS À VENT

« J'admire avec quelle rapidité vous vous détournez de celui qui vous a appelés par la grâce du Christ, pour passer à un autre évangile... »
(Galates 1, 6)

Notre adversaire le diable est un roi. C'est le roi de la contrefaçon et de la propagande. Son royaume est de ce monde.

Il est à notre vie spirituelle ce que certaines marques de boissons sont au monde. On se souvient de la pub Canada Dry : « Ça ressemble à l'alcool, ça a le goût de l'alcool, mais ce n'est pas de l'alcool ! » – ou de la bouteille de Suze et de sa contrefaçon : la bouteille de Ruze.

Nous le croiserons dans notre vie comme roi de l'intox, diffusant de fausses informations, semant le doute dans l'esprit du chrétien ; comme roi du déguisement, converti en trafiquant d'armes de mauvaise qualité, destinées à nous rendre inopérants et inefficaces au combat.

Il utilise aussi la propagande. Il distille de fausses idées sur la foi et trafique les Évangiles. Nous en invente toute une série en plus de ceux de Matthieu, Marc, Luc et Jean.

Pour n'en citer que quelques-uns :

• L'Évangile selon Michel Polnareff : « On ira tous au paradis. » Pas sûr que ça fasse plaisir à tout le monde…

• L'Évangile selon Cervantès : « Se battre contre des moulins à vent » ; poussant le chrétien Don Quichotte à partir en guerre contre tout ce qui bouge.

• L'Évangile selon sainte Charentaise : « Restez assis bien au chaud, je vous enverrai du monde. » Troquées, les chaussures du Zèle pour annoncer l'Évangile de la paix, contre une bonne paire de pantoufles.

• L'Évangile selon Jean de La Fontaine : « Le chrétien est une cigale. Il va faire beau tout le temps. Ta vie ne sera qu'un été, vu que Dieu est à tes côtés. »

• L'Évangile selon Marcel Proust : « Délecte-toi de ton passé, il a un goût de madeleine… » Le Malin a enlevé Marie devant Madeleine et l'on se retourne sur son passé, transformé en statue de sel, comme le fut la femme de Lot… (Madeleine était peut-être son prénom ?)

Et c'est incroyable la rapidité avec laquelle nous adhérons à ces nouveaux évangiles.

De plus, ça ne date pas d'aujourd'hui. Paul le souligne déjà :

Ô Galates stupides, qui vous a envoûtés alors que, sous vos yeux, a été exposé Jésus Christ crucifié ?
(Galates 3, 1)

C'est bien souvent ce qui nous arrive. Nous nous détournons sans nous en rendre compte, nous sommes comme envoûtés par de nouvelles théories plus abracadabrantes les unes que les autres.

Paul, dans un élan prophétique, semble parler pour notre époque :

Car il viendra un temps où les hommes ne supporteront pas la saine doctrine ; mais, ayant la démangeaison d'entendre des choses agréables, ils se donneront une foule de docteurs selon leurs propres désirs, détourneront l'oreille de la vérité, et se tourneront vers les fables. [...]
Car pour moi, [...] j'ai combattu le bon combat, j'ai achevé la course, j'ai gardé la foi.
(2 Timothée 4, 3-4.7)

Récemment, le pape François diagnostiquait la tentation d'être chrétien « sans Jésus ». Il a déploré l'attitude de ceux qui « ne cherchent que les dévotions », tandis que « Jésus n'est pas là » : « Si vos dévotions vous conduisent à Jésus, ce n'est pas grave. Mais si vous en restez là, quelque chose ne va pas. »

Il a évoqué aussi « un autre groupe de chrétiens sans le Christ : ceux qui cherchent les choses rares, un peu spéciales, qui remontent aux révélations privées[1] ».

L'art du Malin est de nous tromper. En cela, il porte bien son nom. À défaut de nous faire prendre « des v(m)essies pour des lanternes », il nous fait croire que nous combattons des réalités alors que nous nous escrimons face à des illusions, contre des moulins à vent.

Nous nous mettons à douter et nous entrons en conflit intérieurement. À partir de là, il nous laisse tranquilles, car nous allons nous battre contre nous-mêmes, devenir notre pire ennemi.

---

1. Homélie du pape François, le 7 septembre 2013, parue dans *Zenit*.

Entraînement spirituel

- Quelle est mon attitude par rapport à la Parole de Dieu dans la Bible ? Est-ce que j'en prends et j'en laisse selon mes goûts ?

- Est-ce que j'ai plus le goût des « révélations privées » que de la Parole de Dieu ?

- La tradition de l'Église occupe-t-elle une place dans ma recherche de la compréhension des Écritures ? Est-ce que j'étudie le *Catéchisme de l'Église catholique*, en lien avec les sujets qui m'attirent ?

Pour aller plus loin : *CEC*, § 80-84, 97.

NOUS SOMMES DES CHRÉTIENS...
PAS DES SCHTROUMPFS !

*« Nous endurons de terribles épreuves
parce que nous ne nous comprenons pas...
De là viennent les afflictions dans lesquelles
tombent beaucoup de personnes[1]. »*
(Thérèse d'Avila)

Qu'est-ce qui est bleu et couvert d'hématomes ?
Un chrétien en conflit avec lui-même, qui s'en prend à lui-même, qui se déteste lui-même !

Nombreux sont les chrétiens usés spirituellement par leurs nombreux conflits intérieurs.

En plus d'être usants, ces conflits ruinent notre santé spirituelle, mentale et physique. Pire, ils nous empêchent de porter du fruit pour la vie éternelle.

Le discernement entre conflit et bon combat est d'autant plus difficile que la personne en conflit a l'impression de combattre.

Or, notre ennemi, le diable, désire deux choses : la perte du genre humain – notre perte – et empê-

---

1. *Le Château intérieur,* « Quatrièmes demeures », chap. Ier.

cher les chrétiens de porter du fruit (du moins de bons fruits).

Notre perte n'est pas acquise, car Dieu veille. Mais nous empêcher de porter du fruit et nous amener à la désespérance, c'est dans les possibilités du Malin.

Nous sommes des chrétiens « Ikea »

Nous nous comportons spirituellement comme nous le faisons dans la vie courante.
On voit en magasin un meuble qui nous plaît. On l'achète – il est à monter soi-même. On rentre chez soi. Dans l'enthousiasme, on le déballe. On attaque le montage... au diable la notice.
Et tout à coup, il manque une pièce, c'est de travers, le meuble a un défaut... Et l'on peste. On se précipite sur la notice que l'on retrouve dans le fatras de l'emballage et, le regard obscurci par l'impatience et la colère, on n'y comprend rien ; d'ailleurs, elle est mal faite.
Tant pis, ce sera comme ce sera. On s'accommodera bien d'une porte et d'une étagère de travers. Il n'y a pas mort d'homme.
Certes, il n'y a pas mort d'homme, mais le fonctionnement restera, au mieux, aléatoire, au pire, problématique au quotidien.

Il en va de même pour notre foi chrétienne. Le Christ, durant trois ans, a expliqué à ses disciples et aux Apôtres comment « monter leur foi » et devenir « chrétiens ». De plus, il nous a assuré un service après-vente haut de gamme en envoyant l'Esprit Saint, qui « *nous rappellera toute chose* » (Jean 14, 26)… Il a inspiré les évangélistes pour qu'ils nous donnent une notice de montage – c'est une sacrée bonne nouvelle. Encore faut-il accueillir l'Esprit, le recevoir ; lire et écouter la Parole de Dieu dans la Bible !

Le chrétien en veilleuse

Jésus nous a dit : « *Vous êtes la lumière du monde [...]. Ainsi votre lumière doit-elle briller devant les hommes afin qu'ils voient vos bonnes œuvres et glorifient votre Père qui est dans les cieux.* » (Matthieu 5, 14.16). Nulle part je ne vois écrit que le Christ nous demande de la mettre en veilleuse ! Au contraire.

De plus, depuis quand allume-t-on une lumière en plein jour ? Si nous sommes la lumière du monde, notre vocation est d'être plongés dans les ténèbres pour apporter la lumineuse révélation du Christ mort et ressuscité pour nous sauver. Alors, « *rejetons donc les œuvres des ténèbres et revêtons les armes de la lumière* » (Romains 13, 12).

Nous n'avons pas étudié le fonctionnement de « ces armes de lumière ». Nous avons souvent un vague souvenir du catéchisme de notre enfance, mais adultes, quelle formation au maniement des armes de lumière avons-nous reçue ?

Qui se forme spirituellement, en fonction de sa psychologie, des talents que Dieu a déposés en lui ? Et pourtant, ce ne sont pas les approches et les propositions qui manquent : jésuites, dominicains, franciscains, carmes, eudistes, oratoriens... Nous pourrions remplir une page avec toutes les voies spirituelles qui existent pour prendre en considération notre condition de baptisés !

La malformation spirituelle

Malheureusement, beaucoup de ceux qui désiraient approfondir leur foi se sont retrouvés sur des chemins d'études qui ne convenaient pas à leur attente. Pire, certains, au lieu d'approfondir leur foi, l'ont perdue ou rendue totalement inefficace. Ce fut le drame des études théologiques des années 1970-1980.

Durant cette période, le Malin s'en est vraiment donné à cœur joie jusqu'à ce que Jean-Paul II vienne taper du poing sur la table à Lyon et renverse la vapeur.

Le manque de formation à la vie spirituelle est une véritable catastrophe écologique.

Qui va nous expliquer comment faire pour vivre dans ce monde alors que nous ne sommes pas de ce monde (Jean 17, 16) ?

Si nous vivons pleinement dans le monde, nous ne fonctionnons pas selon les règles de ce monde... à condition de vivre l'Évangile, bien sûr ! Nous ne poursuivons pas le même but que ceux qui vont vers la perdition. Aveugles guidés par d'autres aveugles, « *ils ont pour dieu leur ventre* » (Philippiens 3, 19) et ne pensent qu'au profit ; hommes et femmes, habités par leurs passions destructrices, semant le malheur autour d'eux ; méfaits certifiés « légaux » par des lois ignominieuses qui empruntent l'extérieur des valeurs mais dont l'intérieur n'est que pourriture. Ouvrons les yeux et regardons ce qui se passe autour de nous !

De l'humanitaire spirituel

La mode actuelle pour les jeunes est de prendre une année sabbatique à la fin de leurs études pour faire de l'humanitaire, faire le tour du monde, découvrir le monde.

Qui se soucie de prendre une année pour faire sérieusement le point sur sa vie de foi et se préparer au « bon combat » ?

Mon rêve est que, dans le christianisme, il puisse y avoir une possibilité, comme dans le bouddhisme, de devenir moine pour un an ou deux (sans vocation à embrasser ce type de vie). Pour faire une expérience intérieure sérieuse qui nous amène à tisser un lien très fort dans la prière, l'étude, la vie fraternelle, avec le Seigneur. Pour nous assurer que notre vie va être construite sur une base solide, en nous étant mis à l'écoute du Seigneur et de sa volonté.

Cela ne me paraît pas un luxe dans le monde d'aujourd'hui tant il est décapant et instable. Plus que jamais, il est nécessaire de savoir sur quoi et sur qui s'appuyer.

Au milieu de tout ce monde de ténèbres, nous sommes appelés à manifester la lumière, la vérité, l'amour et la miséricorde de Dieu. C'est là notre champ de bataille.

Certains peuvent penser : « Quel pessimisme ! » Pessimiste, non ; réaliste, oui.

Le regard sur la réalité douloureuse de ce monde enténébré, mû par l'égoïsme des puissants et la peur servile des petits, ne doit pas nous faire oublier la mission qui est la nôtre.

Le concile Vatican II nous demande d'être attentifs aux signes des temps. N'est-ce pas un signe, à la fois réjouissant et inquiétant, que d'avoir deux papes à un moment donné dans l'histoire de l'Église ?

• Réjouissant car pendant que l'un parle, l'autre prie. Ainsi, nous sommes doublement soutenus dans notre marche.

• Inquiétant car notre époque doit être dans une situation catastrophique pour être dans l'obligation d'avoir deux papes pour tenir le cap !

Le pape François ne se gêne pas, dans un langage absolument limpide et accessible à tous, pour expli-

Librairie dela Grotte

Caisse : 3 - Ticket : 21110
Date : 01/08/2019 à 11:20
Vendeur :

SAINT CHARBEL L'INTEMPORE	1x	15,00
MANUEL DE COMBAT SPIRITUEL	1x	15,90

>> Nombre d'articles : 2

Total à payer   30,90 EUR

TVA 5.5%	1,61 EUR
Total HT	29,29 EUR

Réglé en Espèces   30,90 EUR

EURL Basilique du Rosaire
1 Av Mgr Théas - 65108 LOURDES CEDEX
Tél. +33 (0) 5 62 42 79 61
Merci de votre visite

quer le « comment faire ? » Beaucoup de chrétiens souffrent, non pas de souffrances salvatrices, mais de la mauvaise mise en œuvre de leur foi.

Nous allons faire ensemble un point sur notre situation et remettre les choses en ordre dans notre vie chrétienne, afin de la rendre véritablement opérationnelle et plus sensible aux motions de l'Esprit Saint.

Entraînement spirituel

- **Interrogeons-nous pour savoir où, quand, comment nous pourrions approfondir notre foi en lien avec un courant spirituel qui nous attirerait.**

- **Pourquoi ne pas prévoir une longue retraite pour faire le point sur notre vie de foi ?**

- **Si nous pouvons prendre des congés sabbatiques, ou au sortir de nos études, pourquoi ne pas faire un long séjour dans une communauté ou un monastère ?**

DISCERNONS ENTRE CONFLIT ET COMBAT

*« Marchez selon l'Esprit,
et vous n'accomplirez plus les désirs de la chair. »*
(Galates 5, 16)

Le combat se gagne sur le terrain. Le choix de ce terrain est essentiel pour les armées. L'ennemi va tout faire pour nous entraîner sur un terrain où il aura l'avantage. Avantage rime avec marécage, et c'est là souvent que nous sommes entraînés par l'adversaire à cause de notre manque d'expérience. Pris dans la boue, nous ne nous battons plus, nous nous débattons.

L'apôtre Paul dit de lui-même :

Je ne fais pas le bien que je voudrais faire et fais le mal que je ne voudrais pas faire.
(Romains 7, 15)

En disant cela, Paul n'est pas en conflit avec lui-même. Il se rend simplement compte qu'il perd certains combats. Il ne faut pas confondre la conséquence de la présence du péché en nous, comme le souligne Paul, et le conflit intérieur.

Il s'agit de distinguer le combat que nous menons en nous-mêmes et ce qui est de l'ordre du conflit intérieur. Rappelons-nous qu'il y a un antagonisme entre la chair et l'Esprit en nous, comme en tout homme.

Le bon combat, c'est de contraindre notre chair par l'Esprit de Dieu à vivre selon l'amour.

Souvent, en ce qui nous concerne, cette même situation est le fruit de notre conflit intérieur car nous luttons charnellement contre la chair. Nous voulons vivre saintement mais nous sommes comparables à ces enfants sur la plage qui construisent une digue de sable pour empêcher les vagues de passer. Quelques-unes, de fait, sont bloquées, mais ça ne dure pas longtemps. C'est notre chair qui nous guide et il ne faut donc pas s'étonner que la chair l'emporte même si nous luttons contre elle.

Nos actes, nos pensées, même nos attitudes, peuvent être vus comme des semences, nous semons dans la chair, donc nous récoltons dans la chair.

Que penseriez-vous de quelqu'un qui, semant des carottes, vous dirait : « Je vais faire une bonne récolte de patates » ? (Sans commentaire.)

Ne vous y trompez pas : on ne se moque pas de Dieu. Ce qu'un homme aura semé, il le moissonnera aussi.

> *Celui qui sème pour sa chair moissonnera de la chair la corruption ; mais celui qui sème pour l'Esprit moissonnera de l'Esprit la vie éternelle.*
>
> (Galates 6, 7-8)

Quand nous nous laissons mener par la chair, c'est-à-dire lorsque nous semons dans la chair, même si nous sommes chrétiens, nous récoltons les fruits de la chair.

Qu'est-ce que produit la chair ? Voici une liste, malheureusement non exhaustive, dans le tableau ci-dessous. Il nous suffit de cocher les cases où l'on est concerné. Au-delà de deux, on peut commencer à se faire du souci et à biner nos carottes…

Les œuvres de la chair (Galates 5, 19-21)	
☐ Débauche	☐ Disputes
☐ Impureté	☐ Divisions / dissensions
☐ Dérèglement	☐ Sectarisme / scissions
☐ Idolâtrie	☐ Sentiments d'envie
☐ Magie	☐ Ivrognerie / orgies
☐ Querelles / haines	☐ Excès de table / ripailles
☐ Discordes / jalousies	☐ …………………………
☐ Emportements / animosités	☐ …………………………
	(Autres : *précisez lesquelles*)

Pour nous sortir de ces funestes semailles et de ces fruits toxiques à notre âme, Paul nous donne une lumineuse solution. Lorsque je l'ai découverte, elle a transformé ma vie spirituelle. Il nous dit :

Marchez selon l'Esprit et vous n'accomplirez plus les désirs de la chair. [...] Puisque l'Esprit est notre vie, que l'Esprit nous fasse aussi agir.
(Galates 5, 16.25)

« *Marcher selon l'Esprit* », voilà la clé de notre vie. Le combattant de la lumière vit selon l'Esprit de Dieu, l'Esprit Saint qui nous rend libres. Cessons de marcher selon la chair en désirant vivre de l'Esprit. C'est tout juste bon à provoquer des courts-circuits et à faire de nous des chrétiens tétanisés qui disjonctent à longueur de temps.

C'est pour que nous restions libres que le Christ nous a libérés. Donc tenez bon et ne vous remettez pas sous le joug de l'esclavage.
(Galates 5, 1)

Un bon combattant est celui qui est libre de ses mouvements, capable de se déplacer rapidement, imprévisible. Tels sont les disciples du Christ.

Le vent souffle où il veut, et tu en entends le bruit ; mais tu ne sais d'où il vient, ni où il va. Il en est ainsi de tout homme qui est né de l'Esprit.
(Jean 3, 8)

Méfions-nous des sacs de graines, objets de toutes les promotions médiatiques, vantés à longueur de journée. La récolte risque d'être désastreuse si on se laisse séduire.

Notre combat va consister à ne pas semer, en nous et autour de nous, des graines pourries qui n'amènent que tourments et ennuis ; mais à semer des graines de qualité, des graines d'Esprit, afin de récolter le fruit de l'Esprit.

Consultons le tableau du fruit de l'Esprit. Vérifions que c'est bien ce que nous voulons récolter. Cochons les fruits choisis.

Le fruit de l'Esprit
(Galates 5, 22)

☐ Amour	☐ Bienveillance
☐ Joie	☐ Foi
☐ Paix	☐ Douceur
☐ Patience	☐ Maîtrise de soi
☐ Bonté	☐ ... (Autre : *précisez lequel*)

Si nous sommes bien décidés à livrer le bon combat et à sortir de nos conflits intérieurs, il nous reste à éveiller notre intelligence pour déceler les caractéristiques du bon combat et les signes qui indiquent que nous sommes en conflit.

Quelques points de repères sont donnés dans le tableau suivant.

Indications pour discerner la différence entre conflit et combat
• Le conflit nous montre ce que nous allons **perdre**, le combat nous fait voir ce que nous allons **gagner**.
• Le conflit garde nos yeux rivés sur la ligne de **départ**, le combat projette notre regard vers la ligne d'**arrivée**.
• Le conflit intérieur nous **paralyse**, nous tiraille, le combat nous rend mobiles et donne de l'**élan** vers l'objectif à atteindre.
• En cas de conflit intérieur, nous éprouvons un **malaise**, dans le combat, paradoxalement, nous sommes en **paix**. Il n'est question ici ni de sérénité, ni de calme ; mais de la paix du Christ *« qui surpasse toute intelligence »* (Philippiens 4, 7).
• Le conflit engendre **peur** et **tristesse**, nous rend sombres et nous fait perdre notre vitalité, le combat nous rend **paisibles** et **joyeux**, il nous donne un surcroît de vitalité car nous savons que nous sommes vainqueurs dans le Christ.
• Le conflit, c'est le **cercle vicieux** qui nous enferme, le combat, c'est le **cercle vertueux** qui nous protège.
• Dans le conflit intérieur, nous sommes **divisés**, dans le combat spirituel, notre être est **unifié**.

Maintenant que nous nous sommes décidés à marcher dans l'Esprit, travaillons à la réalisation de notre unité intérieure afin de rallier notre unité…

RÉALISONS NOTRE UNITÉ INTÉRIEURE ET REJOIGNONS NOTRE UNITÉ

« Qui n'amasse pas avec moi disperse. »
(Luc 11, 23)

Nous sommes tout à la fois au début et au cœur même de notre engagement.

De nombreux chrétiens n'arrivent à rien parce qu'ils ont négligé cette étape dans leur vie. Une exigence préalable et incontournable pour mener le bon combat est de « réaliser notre unité ». Ne pas la réaliser, c'est s'aventurer dans une vie de conflits intérieurs extrêmement dévastateurs qui ne nous mèneront qu'à la désespérance.

Ne pas réaliser notre unité, c'est vivre au royaume de l'entre-deux : tandis que les réalités de ce monde n'ont plus l'attrait et la saveur d'antan, nous ne savourons pas encore les richesses de la vie éternelle. C'est être comme le jeune homme riche qui s'en va tout triste car il n'accepte pas de répondre à l'exigence de Jésus alors qu'il se sent appelé.

Afin de régler ce problème une bonne fois pour toutes, Jésus nous impose cette exigence :

> *Si quelqu'un vient à moi sans me préférer à son père, à sa mère, à sa femme, à ses enfants, à ses frères et à ses sœurs, et même à sa propre vie, il ne peut être mon disciple.*
> *Quiconque ne porte pas sa croix et ne vient pas derrière moi ne peut être mon disciple.*
>
> (Luc 14, 26-27)

Il s'agit d'être disciples du Christ, c'est-à-dire de mener le bon combat et, comme le dit Paul : « *Je complète en ma chair ce qui manque aux épreuves du Christ pour son Corps qui est l'Église* » (Colossiens 1, 24).

Le Christ, par sa mort et sa Résurrection, a vaincu les puissances du mal. Il nous reste à œuvrer à sa suite, forts de sa victoire, jusqu'au jour où toute la création sera récapitulée dans le Christ.

La peur de la croix

Le pape François, nous invite à demander « la grâce de ne pas nous effrayer et de ne pas fuir la croix[1] », car tous nous éprouvons la peur de la croix.

Être chrétien, c'est prendre part à ce travail : achever l'œuvre initiée par le Christ.

Il n'y a donc qu'un seul moyen, c'est de prendre notre croix et de le suivre. Cela est trop souvent

---

[1]. Homélie du pape François, le 28 septembre 2013, à la maison Sainte-Marthe.

limité au fait de supporter nos petits malheurs ou nos grandes épreuves. C'est en partie vrai, mais c'est bien autre chose encore. La Croix est le signe de la victoire du Christ sur le mal qui agit dans le monde. Si nous n'avons pas « l'insigne » du Christ sur nous, qui va savoir à quel camp nous appartenons ? Porter sa croix ne veut pas dire être écrasé par elle. C'est celle du Ressuscité que nous devons porter. C'est pour cela que les saints ont compris que ce n'est pas nous qui portons la croix, mais c'est elle qui nous porte.

Il nous faut vaincre la peur de la croix. Or, une grande partie de cette peur est suscitée par l'adversaire car il connaît sa puissance et il redoute plus que tout qu'elle nous accompagne dans le combat. Paul nous le dit clairement :

Le Christ a dépouillé les dominations et les autorités, et les a livrées publiquement en spectacle, en triomphant d'elles par la croix.
(Colossiens 2, 15)

Ces dominations et ces autorités, ce sont celles que nous allons apprendre à combattre[1]. Les combattre sans la croix, c'est aller au casse-pipe.

---

1. Voir le chapitre *Identifions clairement l'adversaire*, page 65.

Retrouver sa force

Pour que la force du Christ agisse en nous, il faut que le Christ soit au centre de notre vie. Le pape François redemande avec insistance que nous l'y mettions.

Le Christ est « le centre » qui « régénère et constitue » les baptisés. « S'il n'y a pas Jésus au centre, il y aura d'autres choses[1] », a averti le pape. Cette exhortation n'est pas à prendre à la légère.

Pour que notre vie tourne rond – parce qu'on sent bien que « ça ne tourne pas très rond » –, le Christ doit être l'axe de notre vie, comme le dit Paul :

Car le Christ est mort pour tous, afin que les vivants n'aient plus leur vie centrée sur eux-mêmes, mais sur lui, qui est mort et ressuscité pour eux.
(2 Corinthiens 5, 15)

Celui qui est au centre, c'est celui de qui tout provient et celui vers qui tout converge. Au centre, il irradie tout l'être.

Jésus nous met clairement en garde :

Nul ne peut servir deux maîtres. Car, ou il haïra l'un, et aimera l'autre ; ou il s'attachera à l'un, et

---

[1]. Homélie du pape François, le 7 septembre 2013, à la maison Sainte-Marthe.

méprisera l'autre. Vous ne pouvez servir Dieu et Mamon.
(Matthieu 6, 24)

On ne peut servir deux maîtres... On ne peut combattre dans les deux camps à moins d'être un traître, un espion, un agent double...
Cette parole prend toute sa dimension dans le combat spirituel.
Si on pouvait servir deux maîtres, Jésus nous aurait dit : « Vous avez le choix. » Or, nous n'avons pas le choix... il faut choisir ! On ne peut pas rester indécis, l'âme entre deux chaises !
N'oublions pas que le combat que nous menons, ce n'est pas un combat pour rire, ni un jeu vidéo où nous avons dix, douze, quinze vies. Nous n'en avons qu'une et il faut sauver notre peau ; enfin, je veux dire : notre âme et, peut-être aussi, quelques autres en passant.

Lorsque nous sommes divisés en nous-mêmes, nous perdons une grande partie de nos forces vitales. Jésus nous prévient :

Tout royaume divisé contre lui-même est dévasté.
(Luc 11, 17)

Nous sommes ce royaume. Si en nous-mêmes nous sommes divisés, nous allons avoir du mal à nous décider, nous allons être tiraillés, indécis. C'est mortel dans le combat.

Il nous faut donc résolument savoir sous quelle bannière nous nous rangeons.

Si nous ne choisissons pas, nous croirons peut-être que c'est nous-mêmes qui sommes au centre, mais il y a fort à parier que nous serons rangés sous la bannière de l'adversaire. La parole de Jésus est, là aussi, sans ambiguïté : « *Celui qui n'est pas avec moi est contre moi* » (Luc 11, 23).

Le *CEC*[1] nous rappelle un texte conciliaire de Vatican II :

> Cette situation dramatique du monde qui « tout entier gît au pouvoir du mauvais[2] » fait de la vie de l'homme un combat :
>
> « Un dur combat contre les puissances des ténèbres passe à travers toute l'histoire des hommes ; commencé dès les origines, il durera, le Seigneur nous l'a dit, jusqu'au dernier jour. Engagé dans cette bataille, l'homme doit sans cesse combattre pour s'attacher au bien ; et non sans grands efforts, avec la grâce de Dieu, il parvient à réaliser son unité intérieure. » (*Gaudium et Spes*, 37, § 2.)

---

1. *CEC*, § 409.
2. 1 Jean 5, 19 ; cf. 1 Pierre 5, 8.

Comment mettre Jésus au centre

Il faut le savoir, le vouloir, et c'est en notre pouvoir car c'est la volonté de Dieu. Il a tout disposé depuis notre baptême pour cela.

Dans la prière, il faut dire à Jésus que nous désirons lui donner la première place. Qu'il soit au centre de notre vie, par un engagement de notre part à agir par lui, avec lui et en lui. Ensuite, il s'agit de veiller aux motifs pour lesquels nous agissons et de demander au Père d'être guidés par l'Esprit Saint.

Jésus nous a dit : « *Qui n'amasse pas avec moi disperse* » (Luc 11, 23). En réalisant notre unité de pensée et d'action, nous ne serons plus dispersés et amasserons des trésors dans le ciel (Matthieu 6, 20).

Parvenir à réaliser l'unité en soi, c'est aussi devenir source d'unité.

Nous pouvons alors rejoindre notre unité de combat en paroisse, groupement, communauté…

Entraînement spirituel

- **Méditons les exigences de Jésus dans un esprit apaisé, sûrs de son amour et forts de notre choix.**

- **Prions pour être libérés de la peur de la croix.**

- **Décidons de mettre Jésus au centre de notre vie.**

ENTRAÎNONS-NOUS
AU « BON » COMBAT

*« J'ai combattu le bon combat, j'ai achevé la course,
j'ai gardé la foi.
Désormais, la couronne de justice m'est réservée ;
le Seigneur, le juste juge, me la donnera dans ce jour-là,
et non seulement à moi, mais encore à tous ceux qui
auront aimé son avènement. »*
(2 Timothée 4, 7-8)

LE TEXTE DE RÉFÉRENCE

Éphésiens 6, 10-18

*En définitive, rendez-vous puissants dans le Seigneur
et dans la vigueur de sa force. Revêtez l'armure de
Dieu, pour pouvoir résister aux manœuvres du diable.
Car ce n'est pas contre des adversaires de sang
et de chair que nous avons à lutter, mais contre
les Principautés, contre les Puissances, contre
les Régisseurs de ce monde de ténèbres, contre les esprits
du mal qui habitent les espaces célestes.
C'est pour cela qu'il vous faut endosser l'armure
de Dieu, afin qu'au jour mauvais vous puissiez résister
et, après avoir tout mis en œuvre, rester fermes.
Tenez-vous donc debout, avec la Vérité pour ceinture,
la Justice pour cuirasse, et pour chaussures le Zèle
à propager l'Évangile de la paix ; ayez toujours en
main le bouclier de la Foi, grâce auquel vous pourrez
éteindre tous les traits enflammés du Mauvais ; enfin
recevez le casque du Salut et le glaive de l'Esprit,
c'est-à-dire la Parole de Dieu.
Vivez dans la prière et les supplications ; priez en tout
temps, dans l'Esprit ; apportez-y une vigilance
inlassable et intercédez pour tous les saints.*

FORTIFIONS-NOUS !

*« Rendez-vous puissants dans le Seigneur
et dans la vigueur de sa force. »*
(Éphésiens 6, 10)

Cette recommandation de Paul en introduction à sa présentation du combat spirituel est essentielle. Or, comme souvent nous le faisons, nous zappons les conseils préliminaires sur la notice de l'appareil que nous venons d'acquérir, du genre : « Avant tout branchement, vérifiez que… » Je ne sais pas pour vous, mais moi, je ne vérifie jamais. Je branche et ensuite… je m'angoisse.

Nous nous comportons de manière identique spirituellement.

« Rendez-vous puissants dans le Seigneur » est une invitation à changer notre manière d'agir.

Nous sommes appelés à puiser à une autre source que celle à laquelle nous avons l'habitude de puiser. Nous ne devons pas utiliser notre propre puissance, mais celle du Seigneur.

Ce changement de disposition d'esprit est essentiel si nous voulons mener un combat spirituel qui soit le plus puissant possible, et surtout le bon combat. Donc, fortifions-nous *dans* le Seigneur, trouvons notre vigueur *en* lui.

C'est d'autant plus important que durant le combat, nous sentons souvent nos forces défaillir, et recevoir une force qui ne vient pas de nous est un atout majeur.

Beaucoup de chrétiens n'arrivent à rien parce que – soit par ignorance, soit par négligence, soit par présomption – ils ne changent pas de mentalité. Cela a sur eux un effet dévastateur qui engendre échec sur échec, tristesse au lieu de joie, au point qu'ils en viennent à douter de la véracité des promesses du Christ[1].

Ne minimisons pas l'ampleur et la nature de la difficulté : *désapprendre.*

Nous avons été éduqués à être volontaristes, à nous appuyer sur nos propres forces, à ne compter que sur nous-mêmes ; en faisant bien sûr une petite prière pour introduire ou couronner le tout, mais fondamentalement, le « aide-toi, le ciel t'aidera », certes mal interprété, nous appelle à puiser nos forces en nous-mêmes.

C'est donc une conversion profonde qui nous est demandée, avant même d'entrer dans le combat. La même que celle à laquelle nous invite le *Notre*

---

[1]. Voir *La Puissance des divines promesses*, Paris, Presses de la Renaissance, 2009. (Épuisé.)

Père dans la doxologie : « *Car c'est à toi qu'appartiennent le règne,* la puissance, *et la gloire*[1]. »

Se rendre puissant dans le Seigneur, c'est un entraînement.

Nous ne sommes guère différents des cosmonautes qui s'entraînent à longueur de temps pour être performants dans leur domaine et accomplir la mission qui leur est confiée. Ils s'entraînent sur terre, mais dans les conditions de l'espace, avant d'y aller. Ils doivent changer leur manière de se comporter. Souvent, inverser leurs gestes, car ce qui est bénéfique dans un état de pesanteur terrestre ne l'est plus dans un état d'apesanteur. Il leur faut réapprendre les gestes du quotidien.

Il en est de même pour nous si nous voulons combattre le bon combat. Nous le verrons en détail un peu plus loin.

---

1. Voir *Le Notre Père, échelle du Salut*, Paris, Mame, 2013, page 49.

Entraînement spirituel

- **Intégrons bien au niveau de notre volonté ce changement de mode de fonctionnement.**

- **Faisons oraison régulièrement pour trouver la force dans le Seigneur.**

- **Imprégnons-nous chaque jour de la Parole de Dieu en lisant la Bible[1].**

---

1. Quelques mensuels donnent les textes bibliques quotidiens, tels *Magnificat, Prions en Église, Parole et Prière*…

ÉQUIPONS-NOUS POUR LE COMBAT

« Revêtez l'armure de Dieu,
pour pouvoir résister aux manœuvres du diable. »
(Éphésiens 6, 11)

Après avoir compris que c'est dans le Seigneur que nous devons puiser nos forces, et non en nous-mêmes, nous sommes invités maintenant à revêtir l'armure de Dieu.

Là aussi, il faut une toute petite conversion. Ou plutôt un léger épluchage. Il s'agit d'enlever la carapace qui est la nôtre, nos blindages successifs ajoutés à chaque fois qu'une déception nous a affectés.
« On ne m'y reprendra plus », « Trop c'est trop… », « Maintenant c'est terminé, j'en ai assez bavé », « Vous allez voir ce que vous allez voir… » (La liste est longue !)
Nous sommes blindés de chez blindé. Plus nous vieillissons, plus nous nous rouillons, au sens propre comme au figuré. Notre blindage est tel que la rouille nous guette, ce qui affecte notre mobilité spirituelle et physique.

Nous sommes comme les Auvergnats décrits par le merveilleux Alexandre Vialatte.

Je cite de mémoire : « Quand un Auvergnat naît, on lui met un petit pull en laine. Quand il grandit et à chaque anniversaire, on lui en met un autre, et ce tout au long de sa vie, sans qu'il n'enlève le précédent. À la fin, il meurt "pur laine". » J'ai toujours trouvé cette image attendrissante.

Or, il en est de même de nos carapaces. En couches successives, elles sont censées nous protéger ; en réalité, elles nous isolent, nous étouffent, nous rendent impotents.

Il nous faut donc les ôter pour revêtir l'armure de Dieu.

Quitter notre carapace pour l'armure de Dieu

Le but de la manœuvre est de « *pouvoir résister aux manœuvres du diable* ».

Notre carapace c'est, en quelque sorte, l'armure du diable !

Le symbole du chrétien est le poisson, pas le crabe (même s'il a des pinces d'or) ; encore moins le homard (même si sa valeur marchande est grande).

Chaque fois que nous nous sommes caraparaçonnés – sans que nous nous en rendions compte –, c'était à l'invitation du diable, dans le but de nous paralyser, de nous couper de la relation aux autres, et finalement de la relation au Dieu vivant.

Ôtons donc nos vieilles carapaces. Comme ça fait du bien ! Je me souviens de la détente éprouvée lorsque j'ai commencé à les quitter. J'ai senti tout à coup mon visage se détendre… et le comble, c'est qu'avant cette expérience, je ne me rendais même pas compte que mon visage était constamment crispé.

Retirer nos vieilles protections, ce sera déjà l'objet d'un combat intérieur, peut-être violent. Lorsque le diable va se rendre compte que nous nous en sommes rendu compte, il va y aller à la manœuvre : « Tu vas t'affaiblir… Ça ne t'a pas servi de leçon la dernière fois ? Tu vas être fragile et vulnérable. Les gens vont te piétiner. À quoi ça va te servir ? Tu n'y arriveras pas, c'est ta vie… »

Toutes ces idées et ces peurs, tous ces regards sur les blessures anciennes, toutes ces suggestions ne sont que du bluff destiné à nous faire renoncer.

Quand il voit que nous sommes déterminés, il sort son Joker : « Tu as raison de revêtir cette armure, mets-la sur ta vieille carapace. Ça ira très bien. » C'est, bien sûr, ce qu'il ne faut absolument pas faire.

Certains chrétiens, qui se prennent pour des « petits malins », vont tenter le coup et essayer de revêtir l'armure de Dieu *sur* leur carapace.

Conclusion : ils vont se trouver en conflit intérieur avant même de combattre et la superposition carapace-armure va rendre l'une et l'autre inefficaces et causer des dégâts spirituels importants.

Rappelons-nous la leçon que nous donne Jésus lorsqu'il nous dit : « *Personne ne coud une pièce de drap neuf à un vieil habit ; autrement, la pièce de drap neuf emporterait une partie du vieux, et la déchirure serait pire* » (Marc 2, 21).

Résister aux manœuvres du diable

Je crois que nous l'avons bien compris. Il va manœuvrer. Il va nous faire le coup des « grandes manœuvres » comme à l'armée.

S'il ne faut pas sous-estimer sa capacité de nuisance, nous n'avons pas à en avoir peur.

Nous avons intégré aussi qu'il a compris que nous allions revêtir une armure qui va nous protéger de ses attaques, qui va nous rendre forts, et qu'ainsi, il perdra une grande partie de son pouvoir sur nous.

Les manœuvres du diable consistent, en bonne stratégie, à nous entraîner sur son terrain, à nous mettre dans une situation où il a l'avantage sur nous. Il n'agit que très rarement en opposition directe – il le fait quand il est à bout de ressources –, il va donc nous entraîner par de subtiles manœuvres sur le terrain de la compromission.

Et comme il a plus d'un tour dans son sac, il va nous conseiller quand même de garder un petit quelque chose de la carapace, au cas où… Le truc qui finit par vous démanger si bien que l'on passe son temps à se gratter l'âme jusqu'à l'eczéma !

Anecdote

Dans un magasin de sport en Savoie, je m'étais acheté un super tricot de peau qui valait une petite fortune car il était « magique » (aux dires de la vendeuse). Il avait la propriété d'être dans un matériau qui évacuait la sueur, ce qui fait que, lors de mes courses en montagne, je n'aurais plus la désagréable sensation de sueur froide.

Parti enthousiaste du magasin, j'y revins furieux. J'avais sué plus que jamais et, loin d'évacuer la sueur, je l'avais accumulée.

La vendeuse me demanda en quoi était fait le vêtement que j'avais mis par-dessus le tricot. C'était ma bonne vieille chemise en laine, très efficace contre le froid. Elle me dit alors que c'était tout à fait normal, car il ne faut pas mélanger des matières qui n'ont pas les mêmes propriétés.

Ce fut pour moi une belle leçon… spirituelle : on ne peut pas mélanger les genres. Il faut choisir et être cohérent.

Entraînement spirituel

- **Décidons d'ôter nos vieilles carapaces. Demandons pour cela la lumière de l'Esprit Saint.**

- **Demandons au Seigneur d'augmenter notre foi pour ne pas craindre d'ôter notre vieille armure.**

- **Renouvelons dans notre cœur notre appartenance au Christ.**

IDENTIFIONS CLAIREMENT L'ADVERSAIRE

*« Car ce n'est pas contre des adversaires de sang
et de chair que nous avons à lutter,
mais contre les Principautés, contre les Puissances,
contre les Régisseurs de ce monde de ténèbres,
contre les esprits du mal qui habitent
les espaces célestes. »*
(Éphésiens 6, 12)

Notre entraînement continue.

Nous avons été invités à puiser nos forces dans le Seigneur, à nous fortifier en lui et à revêtir *son* armure ; découvrons maintenant qui sont nos véritables ennemis, car nos adversaires ne sont peut-être pas ceux qu'on croit.

Gravons une certitude dans notre tête et dans notre cœur : le combat principal se livre et se gagne dans l'invisible puis débouche dans le visible[1].

---
1. Voir le chapitre *Jeûnons et prions*, page 167.

Il ne faut nous tromper ni de *lieu de combat*, ni d'adversaire.

L'ennemi n'est pas la personne « en chair et en os » ou « de chair et de sang » qui est en face de nous ; le véritable ennemi, c'est l'esprit qui l'anime.

Nous nous arrêtons trop souvent à l'apparence, à l'enveloppe charnelle, à l'expression intellectuelle et affective des personnes qui se comportent comme nos ennemis.

Si nous nous arrêtons au plan « du sang et de la chair », c'est que nous n'avons pas encore compris ce qu'est le combat spirituel. Nous entrons en conflit avec des personnes alors qu'il nous faut combattre ce qui les anime.

Anecdote

Il m'est arrivé souvent de me trouver dans des réunions où le ton montait ; où la discussion s'envenimait. Un chrétien m'avait conseillé de faire l'expérience suivante : « Dis à ton ange gardien d'aller voir l'ange gardien de la personne avec laquelle tu ne te comprends pas. »

Au lieu de me laisser emporter, j'ai fait cette expérience. Je peux dire que ça marche. Non pas uniquement dans le fait que la personne se range à votre avis. Mais les anges, échangeant entre eux, nous renvoient à chacun une information qui nous rend capables de mieux nous comprendre et d'avancer ainsi dans la discussion. Cela ne veut pas dire qu'il va y avoir un revirement total des positions,

Identifions clairement l'adversaire

mais une « entente » devient possible, un pas peut être fait, une voie souvent imprévue peut s'ouvrir devant ceux qui se percevaient, quelques instants avant, comme d'irréductibles adversaires.

J'ai découvert récemment que ce conseil avait été donné sur le ton de la confidence par... le pape Pie XI !

*

Paul nous demande donc de ne pas nous tromper d'ennemis et de lieu de combat. Pour cela, il énumère les ennemis : « *Principautés* », « *Puissances* », « *Régisseurs de ce monde de ténèbres* », « *esprits du mal* ». Il fait certes appel à des catégories de son époque, mais nous aurions tort de croire qu'elles sont uniquement liées au contexte historique et culturel et qu'elles n'existent plus ; voire qu'elles sont démodées. Elles existent toujours bel et bien.

Nous sommes tous des êtres habités. Jésus nous compare à une maison.

> *Comme Jésus connaissait leurs pensées, il leur dit : Tout royaume divisé contre lui-même est dévasté, et une maison s'écroule sur une autre. Si donc Satan est divisé contre lui-même, comment son royaume subsistera-t-il, puisque vous dites que je chasse les démons par Béelzébul ? Et si moi, je chasse les démons par Béelzébul, vos fils, par qui les chassent-ils ? C'est*

pourquoi ils seront eux-mêmes vos juges. Mais, si c'est par le doigt de Dieu que je chasse les démons, le royaume de Dieu est donc venu vers vous.
Lorsqu'un homme fort et bien armé garde sa maison, ce qu'il possède est en sûreté. Mais, si un plus fort que lui survient et le dompte, il lui enlève toutes les armes dans lesquelles il se confiait, et il distribue ses dépouilles.
Celui qui n'est pas avec moi est contre moi, et celui qui n'assemble pas avec moi disperse.
Lorsque l'esprit impur est sorti d'un homme, il va dans des lieux arides, pour chercher du repos. N'en trouvant point, il dit : Je retournerai dans ma maison d'où je suis sorti ; et, quand il arrive, il la trouve balayée et ornée. Alors il s'en va, et il prend sept autres esprits plus méchants que lui ; ils entrent dans la maison, s'y établissent, et la dernière condition de cet homme est pire que la première.

(Luc 11, 17-26)

Je suis surpris de tout ce que nous laissons entrer en nous : pensées, idées, images, paroles, histoires, ragots qui, s'ils se présentaient à nous physiquement, comme des personnes sur le plan visible, ne franchiraient même pas le seuil de notre maison.

Beaucoup de personnes qui ont commis des actes horribles restent comme hébétées. Lorsqu'elles reviennent à elles, elles se demandent ce qui s'est passé.

J'en ai pris conscience en publiant les mémoires d'un rescapé du génocide rwandais[1]. Celui qui avait massacré toute sa famille et l'avait laissé pour mort lui proposa à boire lorsqu'il le revit quelques années plus tard, en lui disant : « Tiens, tu es vivant, viens je t'offre un soda. » Comme s'il ne s'était rien passé de particulier.

Entraînement spirituel

- **Méditons le texte de Luc et les exigences de Jésus.**

- **Appel à la vigilance : que laissons-nous entrer en nous ?**

- **Testons l'action de l'ange gardien lorsque nous sommes en difficulté.**

---

1. Révérien RURANGWA, *Génocidé,* Paris, Presses de la Renaissance, 2006.

DÉVELOPPONS
NOTRE ENDURANCE

*« C'est pour cela qu'il vous faut endosser
l'armure de Dieu,
afin qu'au jour mauvais vous puissiez résister et,
après avoir tout mis en œuvre, rester fermes. »*
(Éphésiens 6, 13)

Nous percevons mieux qui sont nos adversaires. Nous savons aussi qu'il nous faut puiser notre force dans le Seigneur. Voyons le motif pour lequel il nous faut *endosser* l'armure de Dieu.

Paul nous rappelle une réalité essentielle que nous avons tendance à oublier : il y a des jours mauvais. Certains, nous les voyons arriver, un peu comme l'orage qui s'annonce par le bruissement des arbres, l'odeur de la terre, les nuages, les oiseaux qui cessent de chanter...
Mais d'autres jours mauvais fondent sur nous sans que nous nous y attendions.

Alors, s'il fait beau en ce moment dans notre vie, profitons-en ! Combien de personnes j'ai rencontrées qui, bien que chrétiennes, étaient adeptes d'un évangile selon Jean de La Fontaine. Leur mode de vie s'appuyait plus sur « La Cigale et la Fourmi » que sur l'Épître aux Éphésiens. Encore que, s'ils avaient pris au sérieux La Fontaine, ils auraient peut-être récité à leur manière le vers suivant : « Un chrétien, ayant chanté tout l'été, se trouva fort dépourvu lorsque l'adversité fut venue… »

Jésus a prévenu ses apôtres et ses disciples à maintes reprises qu'ils connaîtraient l'adversité, les difficultés, les haines, bref les jours mauvais. Loin de nous ces théologies de la prospérité qui vous font croire que si vous êtes avec le Christ, vous serez bénis de toutes sortes de biens matériels : richesse, santé, amour…

Une sorte de « Singapour spirituel » incarné par une guide qui, nous faisant visiter la ville, disait fièrement : « À Singapour, il y a quatre saisons : l'été, l'été, l'été et l'été ! »

Dans le prolongement du chapitre précédent, nous pouvons continuer à comparer la vie d'un homme à une maison.

> *C'est pourquoi, quiconque entend ces paroles que je dis et les met en pratique, sera semblable à un homme prudent qui a bâti sa maison sur le roc.*
> *La pluie est tombée, les torrents sont venus, les vents ont soufflé et se sont jetés contre cette maison : elle n'est point tombée, parce qu'elle était fondée sur le roc.*

Mais quiconque entend ces paroles que je dis, et ne les met pas en pratique, sera semblable à un homme insensé qui a bâti sa maison sur le sable. La pluie est tombée, les torrents sont venus, les vents ont soufflé et ont battu cette maison : elle est tombée, et sa ruine a été grande.
(Matthieu 7, 24-27)

La maison construite sur le sable, c'est l'homme qui n'a pas endossé l'armure de Dieu. Celle construite sur le roc, c'est l'homme qui a suivi le conseil de Paul : il a endossé l'armure, mis en pratique la Parole de Dieu.

Une autre traduction remplace « armure » par « toutes les armes ». Là encore, pas de dilettantisme. Il nous faut *tout* notre équipement et pas simplement tel ou tel accessoire, que nous détaillerons dans la partie suivante de l'ouvrage.

Alors, entraînons-nous de préférence aux beaux jours. Entraînons-nous aussi dans des conditions plus difficiles, aux jours sombres. Entraînons-nous, car lorsque arrive le jour mauvais, l'heure du combat, il n'est plus temps de penser mais d'agir.

Un chrétien mal entraîné, un chrétien mal armé, est un chrétien en danger.
Il aura du mal à résister aux assauts de l'ennemi et à rester ferme.

Entraînement spirituel

- **Notre vie est-elle construite sur le roc de la Parole de Dieu ou sur le sable des diktats de ce monde ?**

- **Prenons conscience qu'il y aura des jours mauvais afin de nous y préparer.**

- **Ne craignons pas les jours mauvais, mais voyons-les comme un combat à mener.**

REVÊTONS L'ARMURE DE DIEU

- La ceinture de la Vérité
- La cuirasse de la Justice
- Les chaussures du Zèle
- Le bouclier de la Foi
- Le casque du Salut
- Le glaive de l'Esprit

« *Nous nous recommandons en tout
comme des ministres de Dieu :
par une grande constance dans les tribulations,
dans les détresses, dans les angoisses,
sous les coups, dans les prisons,
dans les désordres, dans les fatigues,
dans les veilles, dans les jeûnes ; par la pureté,
par la science, par la patience, par la bonté,
par un esprit saint, par une charité sans feinte,
par la parole de vérité, par la puissance de Dieu ;
par les armes offensives et défensives de la justice.* »

(2 Corinthiens 6, 4-7)

QUELQUES PRÉCISIONS FORT UTILES SUR LES ARMES POUR LE COMBAT SPIRITUEL

« *Béni soit le Seigneur, mon rocher !*
Il exerce mes mains pour le combat,
il m'entraîne à la bataille. »
(Psaume 143 [144], 1)

J'ai animé de nombreuses retraites sur le combat spirituel et les conflits intérieurs. La constante : il y a plus de femmes que d'hommes qui y participent.

J'étais un peu gêné par le côté guerrier : maniement d'armes, arsenal en tout genre que j'allais évoquer. Car, à moins d'avoir une mentalité de jeune Israélienne rompue aux entraînements d'un service militaire obligatoire, les femmes occidentales sont peu familières de ce genre de discours et de ce comportement guerrier.

J'avais imaginé labéliser l'équipement par un « grand couturier » : ceinture Gucci, cuirasse Christian Dior, chaussures Hermès, bouclier Lancel, casque Cartier, épée Chanel (ils viennent justement d'en fabriquer une pour un académicien…).

Mais Dieu a labélisé lui-même ses armes, du plus beau label qui soit, d'un nom inaltérable, une marque que nous portons sur nos fronts et dans nos cœurs : la Croix.

Tout cela pourtant n'ôte rien au caractère guerrier, masculin de l'équipement. Certes, Jeanne d'Arc l'a revêtu avec le succès que l'on sait.

Un jour où je m'en inquiétais plus particulièrement, j'ai fini par en faire part au Seigneur dans la prière. J'ouvris ma bible au hasard au livre de Ben Sirac le Sage, et il me fit un cadeau à offrir aux retraitantes :

Si tu poursuis la justice, tu l'atteindras,
tu t'en revêtiras comme d'une robe d'apparat.
(Siracide 27, 8)

« Robe d'apparat » dans la Bible de Jérusalem ; « manteau glorieux » dans la TOB[1]. Bel effort pour amoindrir le côté rugueux d'une cuirasse de guerrier !

Mesdames, votre cuirasse est une magnifique robe d'apparat.

Merci Seigneur pour cette délicatesse !

---

1. Traduction œcuménique de la Bible.

Nous allons découvrir un aspect des plus surprenants de l'équipement du chrétien. Je préfère le dévoiler dès le début de ce chapitre, afin que nous soyons plus disponibles et moins obnubilés par le côté guerrier-mâle.

L'armement que Paul nous décrit dans l'Épître aux Éphésiens est, en réalité, une manière différente d'approcher le mystère du Christ et son action en nous et avec nous.

• La ceinture, c'est la Vérité ; or la Vérité… c'est le Christ : « *Je suis le Chemin, la Vérité et la Vie* » (Jean 14, 6).

• La cuirasse, c'est la Justice ; or la Justice… c'est le Christ : « *Le soleil de justice […] avec la guérison dans ses rayons* » (Malachie 3, 20).

• Les chaussures, c'est le Zèle pour l'Évangile de la paix ; or la paix… le Christ en est le prince : « *Je vous laisse la paix, je vous donne ma paix* » (Jean 14, 27).

• Le bouclier, c'est la Foi ; le Christ est venu nous donner la foi qui sauve : « *Que votre cœur ne se trouble pas ! vous croyez en Dieu, croyez aussi en moi* » (Jean 14, 1).

• Le casque, c'est le Salut ; or le Sauveur… c'est le Christ : « *Car le Fils de l'homme est venu chercher et sauver ce qui était perdu* » (Luc 19, 10).

- L'épée, c'est la Parole de Dieu ; or la Parole de Dieu... c'est le Christ, le Verbe de Dieu (Jean 1, 1).

En fin de compte, revêtir l'armure du combat, ce n'est ni plus ni moins « *revêtir le Christ* », selon la belle formule de Paul dans la Lettre aux Galates : « *Vous tous qui avez été baptisés en Christ, vous avez revêtu le Christ. Alléluia !* » (3, 27).

Chacune des armes est un mode d'adhésion à un aspect particulier du Christ, qui nous permet d'entrer plus avant dans le mystère du Verbe incarné : Jésus, Seigneur et Sauveur.

C'est une manière pour nous d'approfondir notre union à Dieu, contractée lors du baptême trinitaire qui est le nôtre, nous qui avons été baptisés « *au nom du Père, du Fils et du Saint-Esprit* ».

Paul le rappelle dans l'Épître aux Romains : « *Le jour est arrivé. Rejetons donc les œuvres de ténèbres et revêtons les armes de lumière. [...] Revêtez-vous du Seigneur Jésus Christ...* » (13, 12.14).

Revêtir l'armure de Dieu, les armes de la lumière, c'est revêtir le Christ. C'est entrer plus profondément dans la communion de cœur, d'âme et d'esprit avec celui qui est le vainqueur des combats, celui qui a remporté la victoire sur la mort.

Nous pourrons dire, comme Paul :

C'est le Christ que nous annonçons, exhortant tout homme, et instruisant tout homme en toute sagesse, afin de présenter à Dieu tout homme, devenu parfait en Christ.
C'est à quoi je travaille, en combattant avec sa force, qui agit puissamment en moi.

(Colossiens 1, 28-29)

HYMNE DE COMBAT ET DE VICTOIRE

Psaume 143 (144), 1-6

Béni soit l'Éternel, mon rocher,
Qui exerce mes mains au combat,
Mes doigts à la bataille,
Mon bienfaiteur et ma forteresse,
Ma haute retraite et mon libérateur,
Mon bouclier, celui qui est mon refuge,
Qui m'assujettit mon peuple !
Éternel, qu'est-ce que l'homme, pour que tu le connaisses ?
Le fils de l'homme, pour que tu prennes garde à lui ?
L'homme est semblable à un souffle,
Ses jours sont comme l'ombre qui passe.
Éternel, abaisse tes cieux, et descends !
Touche les montagnes, et qu'elles soient fumantes !
Fais briller les éclairs, et disperse mes ennemis !
Lance tes flèches, et mets-les en déroute !

(Prendre un court temps de lecture et de méditation de ce psaume avant chaque lecture sur l'armure de Dieu.)

LA CEINTURE DE LA VÉRITÉ

> « *Tenez-vous donc debout, ayez à vos reins la Vérité pour ceinture.* »
> (Éphésiens 6, 14)

Se tenir debout est l'apanage de celui que Dieu a relevé du péché. Seul celui qui est justifié par Dieu est capable de se tenir debout, en présence du Seigneur. Se tenir debout est déjà une manière de préfigurer la victoire, de signifier que nous sommes prêts à nous battre et, surtout, que nous sommes remplis de vaillance, car Dieu est avec nous. N'oublions pas la célèbre phrase de saint Irénée : « La gloire de Dieu, c'est l'homme debout[1]. » Nous sommes configurés au Christ qui, par sa Résurrection, a été *relevé d'entre les morts* (Luc 24, 34). Une très belle icône de la Résurrection montre le Christ sortant du tombeau, debout dans toute sa magnificence. C'est dans cette attitude que nous devons nous trouver, à l'image de notre Sauveur. Il a fait de nous, par le baptême, des prêtres, des prophètes et des rois.

---
1. *Contre les hérésies*, livre IV, 20, 7.

Benoît XVI, dans une de ses homélies[1], souligne :

> Dans la tradition du monachisme syriaque, les moines étaient désignés comme « ceux qui sont debout » ; être debout était l'expression de la vigilance. […] Le prêtre doit être quelqu'un qui veille. Il doit être en alerte face aux pouvoirs menaçants du mal. Il doit garder le monde en éveil pour Dieu. Il doit être quelqu'un qui reste debout : droit face aux courants du temps. Droit dans la vérité. Droit dans l'engagement au service du bien. Se tenir devant le Seigneur doit également toujours signifier, profondément, une prise en charge des hommes auprès du Seigneur qui, à son tour, nous prend tous en charge auprès du Père.

Pourquoi la Vérité est-elle une ceinture ?

La première arme que Paul nous invite à prendre n'est pas une arme en soi. Ou, si on veut la qualifier ainsi, c'est une arme défensive. S'il nous demande de la prendre en premier, c'est qu'elle a une importance capitale et nous dispose à revêtir efficacement l'ensemble de l'équipement.

Une ceinture se pose sur les reins. Or, bien souvent, les reins n'existent que lorsqu'ils se signalent à nous par la douleur, révélant alors leur fragilité. Ils peuvent très vite devenir notre point faible, car ils sont à l'articulation entre le haut et le bas de

---

1. Messe chrismale du Jeudi Saint, 21 mars 2008, basilique Saint-Pierre.

notre corps. Il suffit de s'être fait un mauvais tour de rein pour savoir qu'ils sont « stratégiques ». S'ils sont bloqués, on ne peut plus bouger.

Quand on est appelé à soulever de lourdes charges, n'est-il pas conseillé de mettre une ceinture large qui maintient les reins ?

Les reins sont le signe de la force. Ils sont centraux. L'Écriture nous dit :

Dieu sonde les cœurs et les reins.
(Psaume 7, 10)

Dans la Bible, les reins et le cœur sont étroitement liés. Dieu sonde les deux en même temps : le cœur, siège de l'amour, et les reins, siège de la Vérité.

On entend souvent dire dans le monde des affaires : « Cette entreprise a les reins solides. » L'expression apparaît dans les discussions, soit pour forcer l'admiration, soit pour susciter la confiance financière au moment où l'on doit prendre une décision importante. Ça rassure.

Ayons, nous aussi, les reins solides spirituellement, en mettant la Vérité pour ceinture.

Nous avons beau avoir le meilleur équipement du monde, si nos reins sont touchés, nous sommes fragilisés. Or, il faut nous rendre « puissants » dans le Seigneur, comme nous y invite Paul (Éphésiens 6, 10).

Il nous faut ceindre nos reins avec la ceinture de la Vérité. N'hésitons pas à le faire. C'est un authentique acte de foi.

J'ai connu une personne qui, lorsqu'elle ne vivait pas dans la Vérité, sentait physiquement ses reins défaillir. Beau rappel à l'ordre du spirituel sur le physique. La Vérité fait donc bien l'unité entre le haut et le bas de notre être.

En vérité, en vérité, je vous le dis...

Jésus utilise vingt-cinq fois cette expression dans l'Évangile de saint Jean, pour souligner particulièrement tel ou tel aspect de son enseignement.

On voit le lien avec la ceinture qui fortifie les reins, quand on sait que « en vérité, en vérité » est la traduction de « Amen, Amen ». Or, *Amen* est issu de la racine MN qui, en hébreu, veut dire « être stable », « avoir une assise solide ». La Vérité fortifie les reins qui l'accueillent.

Avoir la Vérité pour ceinture est exaspérant aux yeux de la société. C'est un défi, voire un outrage, car il est très mal vu de posséder la Vérité.
– Quoi ? Vous détenez la Vérité ? Mais pour qui vous prenez-vous ?
Si on n'y est pas préparé, on rougit, on ne sait plus quoi dire.

À nous de montrer que nous ne détenons pas la Vérité, mais que c'est elle qui nous tient, qui nous maintient, aurais-je envie de dire.

Méfions-nous des contrefaçons : attention aux ceintures en toc

Le Malin qui anime l'esprit du monde est le roi de la contrefaçon. Il a fabriqué une ceinture en « sincérité »… Elle est très bien vue dans le monde d'aujourd'hui. Elle attire la sympathie, l'émotion, l'adhésion. Or, cette ceinture, sachez-le, c'est du toc. C'est du Skaï au lieu du cuir. Elle ne sert qu'à se donner bonne conscience mais nous rend incapables de soulever quoi que ce soit. Être sincère, ce n'est pas être vrai !

Sincérité contre Vérité, surtout n'échangez pas.

La Vérité est aussi desservie par le fallacieux prétexte que « toute vérité n'est pas bonne à dire ». C'est vrai, mais loin d'être un argument pour y renoncer.

On peut être parfaitement sincère et totalement dans l'erreur.

Quelqu'un qui se promènerait auprès de la centrale de Tchernobyl, sans savoir que c'est un lieu hautement radioactif, et qui ferait une joyeuse cueillette de champignons en vue d'une bonne omelette, serait parfaitement sincère en offrant un bon repas à ses amis. La Vérité, c'est qu'il pourra, au mieux, lire dans son lit sans lampe de chevet, tant il diffusera une douce lumière verte ; au pire, se retrouver au centre de cancérologie pour y subir une batterie de tests.

Il était sincère, mais la Vérité, c'est que le lieu ne devait pas être fréquenté.

Peut-être n'avait-il pas vu les panneaux interdisant l'accès ? Était-il passé outre ?

Il faut savoir qu'il y a deux sortes de vérités : la vérité et la vérité vraie.

La vérité, les démons la connaissent : « *Je sais qui tu es : le Saint de Dieu* » (Marc 1, 24). Mais ils la détestent, voire l'utilisent pour tromper. L'art du Malin est de dire un mensonge suivi d'une vérité, suivie d'un mensonge, suivi d'une vérité… tout ça pour nous embrouiller.

Quant à la vérité qui n'est pas bonne à dire, c'est la première, la vérité sans l'amour. La vérité vraie, est celle qui ne fait qu'un avec l'amour, comme il est dit dans le psaume : « *Amour et vérité se rencontrent* » (Psaume 84 [85], 11).

Si nous nous croyons assez malins pour pouvoir porter deux ceintures, nous nous trompons ou nous sommes trompés par l'ennemi qui peut nous le faire croire.

Il faut donc quitter la ceinture de la sincérité pour se ceindre de celle de la Vérité. Chercher à porter les deux, c'est s'affaiblir d'autant plus que l'ennemi fera tout pour que nous portions les deux !

De manière ultime, le Malin tentera une dernière proposition : remplacer notre ceinture... par une paire de bretelles ! « Ayez la vérité pour bretelles, une vérité élastique qui s'adapte parfaitement à l'air ambiant. Elle a la vertu de plaire, d'être acceptée par tous, de faire le consensus... » Les bretelles de la vérité sont tout juste bonnes à tenir le pantalon des convenances, mais, en aucun cas, aptes à tenir solidement nos reins.

Ceux qui marchent dans la Vérité marchent dans la lumière

Je me souviens d'une histoire qui m'a profondément marqué. Un ami de mes parents m'avait offert un livre, *Ils étaient quatre*, d'Henry Poulaille. Je devais avoir sept ou huit ans. L'histoire est d'une simplicité enfantine. Quatre militaires pénètrent illégalement dans une grotte après la fermeture. Ils se perdent. Leurs lampes s'éteignent et ils restent ainsi plusieurs jours dans les ténèbres, cherchant désespérément la sortie. Trois d'entre eux meurent accidentellement. Le quatrième retrouve enfin la lumière du jour et le couloir de sortie. Mais il est tellement traumatisé qu'en s'approchant de la lumière, il la trouve insupportable ; elle l'effraie et il retourne en arrière, vers l'endroit d'où il vient : les ténèbres de la grotte.

*

La part de ténèbres qui est en nous peut poser des difficultés lorsque nous cherchons à ceindre nos reins de la ceinture de la Vérité. Ce qui est dans les ténèbres ne veut pas venir à la lumière. Il nous faut donc surmonter la peur de la lumière ; peur de voir le fond de notre cœur mis à nu. C'est en surmontant cela que l'on accueillera la lumière du Christ qui est Vérité.

Tout notre drame humain est là. « *Les hommes ont préféré les ténèbres à la lumière, parce que leurs œuvres étaient mauvaises* » (Jean 3, 19). Et nous, quel choix allons-nous faire ?

Ce choix de Vérité est essentiel. D'autant plus que la Vérité n'est pas pour nous une sagesse, un concept philosophique ou une vision spirituelle. Elle est le Christ lui-même. Le Christ, notre force. N'a-t-il pas dit : « *Je suis le Chemin, la Vérité et la Vie* » (Jean 14, 6) ?

Avoir la Vérité pour ceinture, c'est avoir le Christ comme soutien.

Entraînement spirituel

- Ôtons de nos reins la fausse ceinture de sincérité pour nous ceindre de celle de la Vérité.

- Vérifions sans cesse que la Vérité est associée à l'amour dans nos paroles et dans nos actes.

- N'ayons pas honte de proclamer la Vérité et ne restons pas silencieux face aux sincères qui sont dans l'erreur.

LA CUIRASSE DE LA JUSTICE

> « *Ayez la Justice pour cuirasse.* »
> (Éphésiens 6, 14)

Nos reins bien tenus par la ceinture de la Vérité, nous pouvons revêtir la seconde partie de la panoplie que le Seigneur nous donne pour le combat que nous devons mener.

La cuirasse, comme la Vérité, est une arme défensive.

Jamais sans ma cuirasse !

Aux beaux jours, et par temps de paix, cela peut paraître inutile de se promener ainsi paré, bien que nous ne soyons jamais à l'abri d'escarmouches.

Notre vie quotidienne ressemble souvent à une randonnée en montagne. Nous partons sous un beau soleil et, une heure plus tard, sans qu'on l'ait vu venir, l'orage fond sur nous. De même, il nous arrive de tomber dans de véritables embuscades.

Moralité : ne quittons jamais notre cuirasse. Elle est une protection efficace contre les mauvais coups qui peuvent arriver n'importe où et à n'importe quel moment. N'oublions pas que notre adversaire, le diable, « *rôde, cherchant qui dévorer* » (1 Pierre 5, 8).

Une précaution indispensable

Avant de revêtir la cuirasse de la Justice, rappelons-nous qu'il est indispensable d'enlever nos vieilles carapaces, celles que nous nous sommes forgées au gré de nos désillusions, de nos blessures.

On est blindé à mort, or il s'agit d'être cuirassé à vie !

On ne peut pas mettre une nouvelle cuirasse sur une vieille. C'est ce qu'essayent de faire beaucoup de chrétiens pour leur plus grand malheur. On serait comparable à ces vieilles outres dans lesquelles on met du vin nouveau : elles éclatent. Tout est perdu : et le vin, et les outres (Matthieu 9, 17).

Puisque nous ne pouvons, sans dommage, conserver nos vieilles protections et revêtir par-dessus la cuirasse de la Justice, acceptons de « muer », de mourir à ce que nous sommes pour naître à cette vie nouvelle, et accueillons ce vêtement nouveau.

Quel est le matériau de cette cuirasse ?

Notre cuirasse est fabriquée dans un alliage composite de trois matériaux, qui la rend résistante aux chocs et difficile à perforer.

Jésus parle de la Justice dans le prolongement des Béatitudes (Matthieu 5 – 6).
En quoi consiste la Justice vue par le Christ, qui est « le Juste » (Actes des Apôtres 3, 14) ?
Jésus nous rappelle que, selon la tradition juive, la Justice consiste à pratiquer trois choses (Matthieu 6) :

- l'aumône (v. 2-4),
- la prière (v. 5-6),
- le jeûne (v. 16-18).

La Justice est le sésame pour entrer dans le Royaume des cieux et recharger nos munitions, retrouver force : « *Si votre justice ne surpasse pas celle des scribes et des pharisiens, vous n'entrerez pas dans le Royaume des cieux* » (Matthieu 5, 20). Autrement dit, si votre justice est comme celle des scribes et des pharisiens, votre cuirasse est en toc. Vous allez vous faire mettre en pièces par l'ennemi.

Paul parle, dans la Deuxième épître aux Corinthiens (6, 7), de la Justice comme *les armes offensives et défensives* de notre combat. L'aumône, le jeûne et la prière sont des armes défensives qui nous fortifient, nous protègent contre les attaques de l'ennemi, mais elles peuvent devenir offensives et nous permettre de riposter contre ses attaques, notamment le jeûne et la prière[1].

C'est ce que Jésus affirme à ses disciples qui ne sont pas parvenus à expulser un démon : « *Cette espèce-là ne peut sortir que par la prière et par le jeûne* » (Marc 9, 29).

Plus nos intentions seront pures et enracinées dans l'amour de Dieu et de notre prochain, plus notre cuirasse sera résistante et plus elle nous protégera dans le combat spirituel.

Donc, les trois attitudes qui caractérisent la Justice sont :

- se tourner vers les autres : l'aumône ;
- se détourner de soi : le jeûne ;
- s'ouvrir à Dieu : la prière.

Les armes de notre panoplie ont un lien entre elles. Ben Sirac le Sage fait le lien entre Justice et Vérité, lorsqu'il dit :

Si tu poursuis la justice, tu l'atteindras,
tu t'en revêtiras comme d'une robe d'apparat.
Les oiseaux cherchent la compagnie de leurs semblables,
la vérité revient à ceux qui la pratiquent.
Le lion guette sa proie,
ainsi le péché guette ceux qui commettent l'injustice.
(Siracide 27, 8-10)

---

1. Pour plus de détails, voir le chapitre *Jeûnons et prions*, page 167.

Comme nous l'avons déjà vu, la Justice – ta cuirasse – sera « *comme une robe d'apparat* ». Quelle joie dans ce texte ! Avec cette robe d'apparat, tu iras au combat comme à la fête, et non comme à l'abattoir.

Tout cela fait écho au psalmiste, quand il dit :

Justice et paix s'embrassent.
(Psaume 84 [85], 11)

La Justice est comme la Paix, si personne ne l'accueille, elle revient sur ceux qui la donnent. Si tu es ainsi armé, le lion qui guette ne pourra rien contre toi.

Méfions-nous des cuirasses en toc

Le roi de la contrefaçon, le Malin, dont nous avons esquissé quelques traits aux chapitres précédents, sévit aussi en matière de cuirasse.

Les pharisiens s'étaient fait rouler dans la farine par ce bonimenteur qui leur avait proposé des cuirasses pour briller en société… en papyrus mâché, de la Parole de Dieu dévitalisée, couchée sur parchemin. Jésus leur en fait le reproche :

Vous scrutez les Écritures parce que vous pensez avoir en elles la vie éternelle, et ce sont elles qui me rendent témoignage, et vous ne voulez pas venir à moi pour avoir la vie !
(Jean 5, 39-40)

Au moindre coup de glaive, à la moindre flèche, ils étaient transpercés par l'adversaire.

Au chapitre 6 de l'Évangile de Matthieu, Jésus nous met donc en garde contre ces cuirasses tout juste bonnes pour les studios de cinéma hollywoodiens.

Décortiquons avec Jésus une cuirasse en toc, pour ne pas nous faire avoir et savoir reconnaître les vraies des fausses.

Un matériau composite, pour qu'il soit résistant, doit posséder un grand pouvoir liant entre les différentes matières. Ce pouvoir liant, c'est l'esprit dans lequel on pratique la Justice. À la différence des pharisiens, il nous demande de ne pas pratiquer notre justice pour être vu, respecté, honoré, glorifié par les hommes (cuirasse en toc).
Si nous la pratiquons dans une mauvaise intention – celle de nous valoriser aux yeux des hommes –, notre justice est une cuirasse qui nous fait un torse magnifiquement bombé, qui attire le regard pour la gloriole, qui suscite l'émerveillement lors des parades, mais elle est totalement inefficace dans le combat spirituel qui est le nôtre.

Forgeons-nous donc une solide cuirasse pour le combat spirituel

• *Par l'aumône :* Elle nous tourne vers les autres et nous décentre de nous-mêmes, elle nous enracine dans l'amour du Seigneur qui se vérifie par l'amour du prochain. « *L'aumône efface les péchés* » (Siracide 3, 30).

• *Par le jeûne :* Il nous détourne de nous-mêmes et des appétits de notre chair. Jeûner au pain et à l'eau nous montre qu'il ne s'agit pas de faire des prouesses de privation avec leur inévitable contre-coup, mais nous ramène à ce qui est essentiel. Il y a mille autres formes de jeûnes : paroles, images, musique, Internet…

• *Par la prière :* Dans l'Évangile de Matthieu (6, 5-6), le Christ nous invite à prier dans le secret de notre cœur. La prière fortifie notre foi et notre communion d'amour avec Dieu. Même seuls, nous disons « *Notre Père* » car nous sommes toujours en communion avec nos frères et sœurs dans le Christ.

Entraînement spirituel

- **Demandons à l'Esprit Saint de nous aider à nous débarrasser de notre carapace.**

- **Prenons le temps du cœur à cœur avec Dieu. Méditons chacune des paroles que Jésus nous a données pour prier notre Père[1].**

- **Soyons attentifs à nos motivations et au but poursuivi dans la prière, le jeûne et l'aumône.**

Pour aller plus loin : *CEC*, § 1807, 1888-1889.

---

1. Pour plus de détails, consulter l'ouvrage du même auteur : *Le Notre Père, échelle du Salut*, Paris, Mame, 2013.

LES CHAUSSURES DU ZÈLE

« *Ayez pour chaussures le Zèle à propager l'Évangile de la paix.* »
(Éphésiens 6, 15)

Débarrassés de nos carapaces, les reins solidement ceints, si nous voulons avancer face à l'ennemi (ou fuir en courant…), il faut de bonnes chaussures.

Souvent, on dit de quelqu'un qui se comporte mal : « Il est à côté de ses pompes. » Bon nombre de chrétiens sont à côté de leurs pompes[1].

Aux yeux de Dieu, nous sommes à côté de nos pompes tant que nous n'accomplissons pas sa volonté. Alors, pour nous permettre de l'accomplir, il nous propose d'en changer en nous donnant une nouvelle paire de chaussures.

---

1. Voir le texte du pape François sur *Zenit* (8 septembre 2013) : *Vérifier que l'on n'est pas un « chrétien sans Jésus »*.

Voyons comme une grâce le fait d'être « à côté de nos pompes » et ne remettons pas les vieilles avant de chausser celles qu'il nous propose.

Une ancienne formule liturgique du baptême ne nous demandait-elle pas : « Renoncez-vous à Satan, à ses pompes et à ses œuvres... ? » Nous pouvons parfaitement l'interpréter « podo-logiquement ». Nos pieds chaussés par l'adversaire nous mènent inévitablement au péché et à la mort. Les « pompes » du démon, ce sont toutes ces maximes, ces faux plaisirs, ces frivolités, ces vanités qui enflamment les êtres d'un zèle dévastateur.

Jésus est très ferme à ce sujet :

Et si ta main droite est pour toi une occasion de péché, coupe-la et jette-la loin de toi : car mieux vaut pour toi que périsse un seul de tes membres et que tout ton corps ne s'en aille pas dans la géhenne.
(Matthieu 5, 30)

Ramené au sujet qui est le nôtre :

Si les chaussures de tes passions te mènent au chemin du péché, quitte tes vieilles pompes et jette-les loin de toi : car il vaut mieux que tu perdes tes vieilles groles plutôt que de te retrouver en enfer.
(Évangile selon San-Antonio)

(C'eût été possible, tant il énonçait parfois des vérités bien senties.)

« La » consigne du combattant

À l'Ascension, dans son dernier message avant d'être enlevé au ciel, Jésus nous a donné comme consigne :

> *Allez dans le monde entier, proclamez l'Évangile à toute la création.*

(Marc 16, 15)

Si, dans la vie courante, c'est important d'avoir de bonnes chaussures (surtout pour aller faire du shopping), pour le bon combat, c'est essentiel ! Si vous voulez mettre une armée en déroute, chaussez-la mal. Or se chausser n'est pas chose facile. Selon le type de terrain, la saison et le type d'activité, on ne se chausse pas de la même manière.

Pour le combat, ayons des chaussures en ZAEP[1]

Pour le combat, « *ayez pour chaussures le Zèle à propager l'Évangile de la paix* ». Les chaussures nécessaires pour livrer le bon combat sont des chaussures spéciales tout terrain. Il nous faut absolument les chausser si nous voulons être opération-

---

1. Le ZAEP (Zèle à Annoncer l'Évangile de la Paix) est le Vibram de la chaussure chrétienne.

nels, et si nous voulons aussi rester dans la zone opérationnelle ! Méfions-nous des endroits où nous conduisent nos pas, s'ils ne sont pas guidés par ce zèle ; nous pourrions nous retrouver au mauvais endroit, au mauvais moment et tomber dans le piège de l'ennemi.

Anecdote

Je me souviens d'un film de Walt Disney[1] qui racontait l'histoire de deux équipes de basket. L'une, composée de géants, était d'une puissance redoutable et l'équipe adverse, composée de nains, était toujours battue, jusqu'au jour où un savant fou trouve un produit – une sorte de pâte caoutchoutée –, dont le nom ne s'est jamais effacé de ma mémoire tant il était miraculeux et drôle : le « Plaxmol ». Mis sous les chaussures, il donnait une capacité de rebond extraordinaire... Je ne vous raconte pas la suite, vous la devinez aisément.

*

Dans notre combat se pose le même problème : nous n'avons pas la taille pour l'entreprendre. Mais il y a une différence entre ne pas *avoir* la taille et ne pas *être* de taille[2]... Alors se pose la même question

---

1. Robert STEVENSON, *Monte là-d'ssus (The Absent-Minded Professor)*, 1961.
2. Nous reverrons cela dans les armes complémentaires que nous fournit le Seigneur et que David (de petite taille) utilise contre Goliath (le géant), page 138.

que celle de Marie à l'ange : « *Comment cela se fera-t-il ?* » (Luc 1, 34).

Jésus sait que le combat que nous devons mener nécessite que nous soyons bien chaussés. Notre *Plaxmol* à nous, chrétiens, c'est le « ZAEP ». Laissons-nous donc enflammer de l'ardeur de l'annonce de la Bonne Nouvelle.

Le zèle, c'est notre force, cette puissance, cet enthousiasme, ce feu qui va brûler une grande partie de nos idées « néfastes » avant qu'elles ne fassent des dégâts.
Le zèle nous donne des ailes pour nous déplacer, pour marcher au combat. « *Le zèle pour ta maison me dévorera* » (Psaume 68 [69], 10).

Avec le ZAEP, nous devenons des guerriers en mouvement, et non des assiégés qui défendraient une bonne nouvelle en danger. Lorsque Jésus envoie ses disciples annoncer la Bonne Nouvelle, il leur dit de ne rien emporter, de ne pas s'arrêter en chemin, d'entrer dans une maison pour y manger ce qui leur sera donné et y loger. De dire : « *Que la paix soit sur cette maison…* » (Luc 10, 5).

Curieux guerriers appelés à nous battre pour que règne la paix, nous sommes des sortes de « casques bleus » de Dieu.

En décembre 2005, Benoît XVI rappelait que le devoir des catholiques est de témoigner de l'Évangile de la paix.

La Bonne Nouvelle de la paix, c'est de proclamer la venue du *« Prince-de-la-paix »* (Isaïe 9, 5). Or Jésus est ce Prince de paix.

Tout prince qui veut rendre une visite envoie d'abord des ambassadeurs, et nous sommes ces ambassadeurs, comme nous le dit saint Paul (2 Corinthiens 5, 20), ainsi qu'il le rappelle à la fin de son invitation à entrer dans le combat spirituel (Éphésiens 6, 20).

La paix que nous annonçons, c'est la réconciliation de l'homme avec Dieu, de l'homme avec lui-même, et des hommes entre eux.

> *Par le Christ, Dieu s'est plu à réconcilier tous les êtres pour lui, aussi bien sur la terre que dans les cieux, en faisant la paix par le sang de sa croix.*
> (Colossiens 1, 20)

Quelle plus belle mission peut-on espérer recevoir ?

Sur notre terre, les ambassadeurs représentent un chef de gouvernement et, par là, toute une nation. Or nous, nous devenons les ambassadeurs de Dieu en mission de paix. *« Heureux les artisans de paix, car ils seront appelés fils de Dieu »* (Matthieu 5, 9). C'est pour cela que cette paix dont nous sommes porteurs « *surpasse toute intelligence* » (Philippiens 4, 7).

Ambassadeurs du Christ, chaussés de ce zèle, lorsque nous entrons dans une maison, nous pouvons dire, suivant la consigne du Seigneur : « *Que la paix soit sur cette maison* » (Luc 10, 5). Jésus rajoute : « *Et votre paix ira reposer sur celui qui est fils de paix…* » Donc, si Jésus dit « votre paix », c'est bien que nous sommes les réceptacles de cette paix qu'il nous a donnée.

Méfions-nous des belles chaussures… en toc

Au marché aux puces, à Paris, dans les années 1970, nous allions acheter de belles chaussures pas chères. Elles avaient fière allure, mais la semelle était en faux cuir, nous pourrions dire en carton façon cuir ! Elles ne duraient pas très longtemps, juste le temps de faire bel effet. Pas question de les mettre sous la pluie.

Méfions-nous des chaussures *Hermès* (pas la marque prestigieuse, mais la divinité grecque chargée d'annoncer les messages). L'adversaire cherchera toujours à nous vendre des chaussures avec des zèles (ailes) différents.

Nous pouvons avoir du zèle pour mille autres choses que la mission que nous confie le Seigneur. On peut avoir du zèle et donner tous ses biens aux pauvres, vouer son corps aux flammes, toujours par zèle, mais comme le dit Paul : « *Si je n'ai pas la charité, cela ne me sert de rien* » (1 Corinthiens 13, 3).

Si nous percevons un tant soit peu l'immense honneur que nous fait le Christ en nous associant à sa mission, notre ardeur, notre zèle doivent être à la hauteur de la confiance qu'il nous fait et de l'importance de la tâche qu'il nous confie.

Qu'ils sont beaux sur les montagnes,
Les pieds de celui qui apporte de bonnes nouvelles,
Qui annonce la paix…
(Isaïe 52, 7)

Entraînement spirituel

- **Quel est le zèle qui nous anime ?**

- **Si nous n'avons pas reçu la paix du Seigneur, prions-le de nous la donner afin d'annoncer l'Évangile de la paix.**

- **À chaque fois que nous entrons dans un lieu, disons : « La paix soit sur cette maison ! »**

Pour aller plus loin : *CEC,* § 2442.

LE BOUCLIER DE LA FOI

« Ayez toujours en main le bouclier de la Foi, grâce auquel vous pourrez éteindre tous les traits enflammés du Mauvais. »
(Éphésiens 6, 16)

La Vérité, la Justice, le Zèle habitent en nous. La Foi vient renforcer notre capacité à mener le bon combat.

La foi chrétienne, comme tout bouclier, a une forme. Celle-ci peut varier, mais elle n'est pas informe. Elle a un contenu et ce contenu s'est précisé au fil du temps par l'approfondissement de la Révélation.

Nous avons l'habitude de considérer la foi comme un ensemble de croyances auquel nous adhérons avec plus ou moins de conviction. Conviction au minimum intellectuelle ; au maximum affective. Nous croyons selon nos goûts et nos humeurs changeantes. Nous sommes souvent des croyants à la carte, ce qui fait que notre foi est un bouclier en carton-pâte, pulvérisé au moindre assaut enflammé du Mauvais.

Voir la foi comme un bouclier nous invite à l'envisager sous un autre angle et nous oblige à une certaine conversion du regard.

Dans les Écritures, le Dieu tout-puissant se révèle à Abraham, « père des croyants » :

Abram, ne crains point ; je suis ton bouclier...
(Genèse 15, 1)

Le psalmiste n'aura de cesse de le rappeler :

C'est toi, Seigneur, qui est mon bouclier.
(Psaume 3, 4)

Ou encore :

Dieu est un bouclier pour qui s'abrite en lui.
(Psaume 17 [18], 31)

Le roi David parviendra à l'intuition la plus fondamentale :

Dieu, vois notre bouclier, regarde le visage de ton messie.
(Psaume 83 [84], 10)

À travers cette révélation du Messie comme bouclier, nous voyons combien notre bouclier est le Christ lui-même. Tout comme la Vérité, la Justice, la Paix, il s'agit toujours du Christ dont nous nous revêtons.

La singularité du bouclier est de porter les armoiries qui caractérisent et identifient celui qui le tient. À l'extérieur, notre bouclier est orné du nom de Jésus et du visage de Jésus crucifié, signe du combat qu'il a mené et des souffrances qu'il a endurées à notre place, pour nous protéger et nous sauver.

C'est le vrai bouclier de la foi car « *il n'y a pas d'autre nom par lequel être sauvé* » (Actes des Apôtres 4, 12).

À l'intérieur de ce bouclier est gravé le visage du Messie, du Christ ressuscité. Endroit et envers indissociables, deux réalités d'un même mystère : le Messie souffrant et le Messie glorieux, tous deux garantissent la capacité de résistance aux traits enflammés du Mauvais, plus sûrement encore que les portes pare-feu résistent aux flammes.

Un bouclier aux propriétés étonnantes

La foi, vue comme roc, rocher, refuge, bouclier, est l'objet de critique et d'ironie pour ceux qui ne voient en elle qu'un signe de faiblesse. Ne nous laissons pas atteindre par les regards condescendants et méprisants des fiers-à-bras qui n'ont rien compris au combat.

Se réfugier derrière un bouclier lorsque l'on est frappé par les coups du sort, lorsque les flèches enflammées nous tombent dessus, ce n'est pas de la couardise, c'est de l'intelligence et du simple bon sens. On ne va tout de même pas rester sans protection face aux attaques de l'ennemi.

Étonnant aussi, le terme grec employé par Paul pour qualifier le bouclier de la Foi : *thueros*. Ce mot n'est employé que dans ce passage de la Bible. Or, ce terme vient de *thura* qui signifie « la porte ».

Comment ne pas voir alors ce bouclier de la Foi comme une porte qui ouvre sur un espace sécurisé et permet de résister à l'assaillant ?

On ne pourra ignorer aussi le lien entre *Porta Fidei – La Porte de la Foi –*, la lettre apostolique de Benoît XVI, et le bouclier de la Foi, véritable porte qui nous protège en nous donnant accès à la bergerie, au Royaume.

Jésus nous dit :

Je suis la porte [thura] des brebis. [...] Si quelqu'un entre par moi, il sera sauvé ; il entrera et il sortira, et il trouvera des pâturages.

(Jean 10, 7.9)

Comme il est grand l'amour de notre Dieu qui se veut notre bouclier, notre défenseur. Quelle magnifique unité dans tout ce que Dieu met à notre disposition en son fils Jésus, afin que nous menions le bon combat.

Nous pouvons entonner l'hymne de notre combat :

Un seul Seigneur, une seule foi, un seul baptême, un seul Dieu et Père...

(Éphésiens 4, 5-6)

Jamais sans mon bouclier

Les différentes traductions du début du verset 16 (Éphésiens 6) sont très évocatrices : « *Ayez toujours en mains le bouclier de la Foi* », « *prenez en toutes circonstances* », « *ne lâchez jamais* », « *toujours et partout* », autant d'expressions qui nous invitent à ne jamais abandonner notre foi. On ne peut pas être chrétien à quart de temps ou à mi-temps ; on l'est à temps complet ou on ne l'est pas.

Le bouclier de la Foi n'est pas un bouclier pour la parade. Ne nous comportons pas à la manière d'Abraracourcix – le chef de la tribu d'irréductibles Gaulois du village d'Astérix –, qui passe son temps à se faire porter, de manière ostentatoire, sur son bouclier. La foi est alors occasion de parader, de montrer son pouvoir, sa respectabilité, de s'élever au-dessus des autres pour voir et être vu. Attitude inefficace et contre-productive qui, par ailleurs, fait de nous une belle cible pour les traits enflammés du Mauvais !

Méfions-nous des boucliers en toc

Pour que la foi soit un bon bouclier, il est impératif qu'il soit double couche. Notre foi doit dépasser le stade de la simple croyance mystique, intellectuelle ou affective. Elle doit devenir puissance enracinée dans la Parole et la connaissance intime de Dieu.

Rappelons-nous que la foi a un double aspect :

- « *elle est la garantie des biens que l'on espère* » (première couche),
- et « *la démonstration des réalités que l'on ne voit pas* » (deuxième couche),

comme il est dit dans l'Épître aux Hébreux (11, 1).

Afin que notre bouclier nous protège efficacement, il faut qu'il soit confectionné dans de bons matériaux. Si c'est un bouclier de parade rutilant, en carton ou en papier mâché[1], il ne résistera pas aux premiers assauts enflammés de l'ennemi.

Là encore, quand le Mauvais nous verra vraiment déterminés, il tentera de nous séduire en nous invitant à nous armer d'un bouclier sans le nom de Jésus Sauveur, mort et ressuscité, sans le Christ en croix.

Ces boucliers seront beaux, attrayants, plaisants au regard, mais inefficaces.

Paul met en garde les chrétiens de la ville de Colosse :

Frères, restez fermes dans la foi telle qu'on vous l'a enseignée [...]. Prenez garde à ceux qui veulent faire de vous leur proie par leur philosophie trompeuse et vide fondée sur la tradition des hommes, sur les forces qui régissent le monde, et non pas sur le Christ. [...]

---

1. Voir le chapitre *La cuirasse de la Justice*, page 93.

En lui vous avez tout reçu en plénitude, car il domine toutes les puissances de l'univers. [...]
Dieu a dépouillé les puissances de l'univers ; il les a publiquement données en spectacle et les a traînées dans le cortège triomphal de la croix.
(Colossiens 2, 7...9.15)

Le drame souvent, pour le bouclier en toc, c'est comme pour la maison construite sur le sable : tant que tout va bien, tout va bien ! (Lapalissade biblique qui invite à une longue et profonde méditation.)

Mais c'est lorsque la pluie d'orage dévaste tout que l'on se rend compte de la solidité de la maison (Matthieu 7, 24-27). De même, c'est lorsque les traits enflammés du Mauvais viennent se ficher dans le bouclier que l'on se rend compte s'il est en toc ou pas.

Sur un bon bouclier, les flèches ricochent. Car il est fait en or pur de la foi ; la fameuse foi éprouvée comme l'or fin (1 Pierre 1, 7).

Le bon bouclier pour le bon combat est marqué aux armes du Christ crucifié, mort et ressuscité.

Je ne veux rien savoir sinon Jésus Christ et Jésus Christ crucifié.
(1 Corinthiens 2, 2)

Des traits enflammés du Mauvais

On connaissait les fameuses flèches de Cupidon qui, bien que sympathiques, pouvaient faire de sacrés dégâts. L'adversaire dans son carquois a toutes sortes de flèches…

Nous avons tous essuyé des tirs de traits enflammés du Mauvais, lorsque tout à coup s'abattent sur nous des pensées comme autant de flèches qui mettent le feu à notre imagination et attisent nos passions. À titre d'exemples :

• Ces mails que l'on ouvre le soir, juste avant de se coucher, qui nous enflamment et auxquels nous avons le malheur de répondre dans « le feu » de l'action… (Alors que la nuit aurait porté conseil !)

• Une scène vécue dans la journée qui revient d'un seul coup et nous donne une interprétation cent pour cent juste de l'attitude de telle personne… Jugement et colère montent : « Demain, je ne la raterai pas. »

• Devant un projet à mettre en place, la crainte qui tout à coup s'empare de nous : « Comment vais-je faire ? Aurai-je la santé ? » Tout s'embrase et tout devient sombre à la fois. On voit tous les obstacles et toutes les impossibilités.

• À la veille d'une retraite importante pour nous, un contretemps qui nous arrive, une poussée de fièvre, etc. Ne pas en tenir compte, c'est voir la chose s'estomper !

La flèche enflammée se caractérise par la fulgurance de son arrivée, la manière dont elle embrase d'un seul coup notre intellect, dont elle atteint notre cœur et y sème le trouble, nous arrête nets dans notre démarche…

Saint Jean vient à notre aide. Il nous rappelle qu'être *« né de Dieu »*, c'est être *« vainqueur du monde »* par la foi (1 Jean 5, 4) et non pas être vaincu et se voir retirer *« l'équipement de combat qui nous donnait confiance »* (Luc 11, 22).

Prenons donc bien en main notre bouclier et, dans les moments difficiles, n'oublions pas que nous avons des frères qui eux-mêmes en sont équipés. Nous pouvons ainsi traverser des zones difficiles en employant la technique romaine de la tortue, où nous sommes protégés de tous côtés par le bouclier de la foi de nos frères.

Plus que jamais, gardons à l'esprit qu'un chrétien seul est un chrétien affaibli, un chrétien en danger.

Entraînement spirituel

- **Sur le bouclier de notre foi, il y a la Croix. Est-ce que cela nous pose problème ?**

- **Est-ce qu'il y a des moments dans notre vie où, objectivement, nous mettons notre foi (bouclier) de côté ?**

- **Soyons attentifs dans le combat spirituel à percevoir la foi comme notre bouclier.**

LE CASQUE DU SALUT

« *Enfin recevez le casque du Salut.* »
(Éphésiens 6, 17)

Notre équipement est quasiment au complet. Nous devons maintenant protéger notre tête.

Pourquoi le casque du Salut ? Les *chaussures du Salut* auraient très bien fait l'affaire, tant nous devons souvent notre salut à la fuite…

Or, ce n'est pas de « notre » salut qu'il est question. Est-ce qu'il nous est demandé de « fabriquer » un casque ? Non, nous sommes invités à le recevoir. Tout est dans le « *recevez* » au début du verset.

Souvent, on ne prête pas assez attention, en lisant la Parole de Dieu, à certains détails qui conditionnent le sens entier d'une phrase et déterminent la bonne attitude à adopter. Ce casque, nous n'avons pas à le fabriquer. Il est « fourni » par celui qui nous appelle au combat, celui sous la bannière de qui nous nous sommes rangés.

Souvenons-nous que, dans le combat, la victoire tient beaucoup au terrain sur lequel nous livrons bataille. Or, l'ennemi va essayer de nous entraîner sur un terrain qui lui est favorable afin de nous enliser dans les marécages du doute et du faux salut.

Il est donc capital de ne pas nous engluer dans les marais du faux salut, celui que l'on se confectionnerait par ses propres mérites.

Réglons la question une bonne fois pour toutes, afin d'aller au combat le cœur vaillant.

Les disciples demandent à Jésus :

« Qui peut donc être sauvé ? » Jésus les regarda, et leur dit : « Aux hommes cela est impossible, mais à Dieu tout est possible. »
(Matthieu 19, 25-26)

Prenons au sérieux ce que nous dit Jésus et arrêtons de vouloir nous sauver nous-mêmes. Ce n'est pas possible. Notre salut est l'affaire de Dieu. Recevons-le de Dieu et arrêtons de vouloir le conquérir par nos propres moyens ! Le Salut a été acquis par les mérites du Christ mort sur la Croix pour nous sauver.

Nous ne nous battons plus pour obtenir notre salut, nous livrons bataille parce que *nous sommes sauvés* !

Le fait de ne pas nous préoccuper de notre salut nous donne une grande force et une grande liberté d'esprit et de mouvement. Cela va souvent à l'encontre de notre éducation religieuse (surtout ceux qui ont été élevés à l'ancienne, dans une vie spirituelle teintée de jansénisme), où nous devions « faire notre salut ».

Être libéré de l'esprit de crainte est indispensable pour aller au combat. Si nous y allons la peur au ventre, nous sommes amoindris.

Quand, par humour (ou par dépit), il nous est demandé d'avoir une tête de « sauvés », c'est ni plus ni moins d'avoir la tête recouverte de ce casque flamboyant de la victoire du Christ ressuscité, victorieux de la mort. « *Dieu ne nous a pas destinés à la colère (son jugement), mais à la possession du Salut par notre Seigneur Jésus Christ qui est mort pour nous* » (1 Thessaloniciens 5, 9-10).

Quels sont les signes qui prouvent que nous sommes sauvés ?

À tout baptisé est remis le casque du Salut. Il est construit en alliage de deux matériaux :

- La foi en Jésus : « *En vérité, en vérité, je vous le dis, celui qui croit en moi a la vie éternelle* » (Jean 6, 47).
- Le don de l'Esprit Saint : « *L'Esprit lui-même rend témoignage à notre esprit que nous sommes enfants de Dieu* » (Romains 8, 16).

Ce n'est pas un casque de triomphe pour fanfaronnade, c'est un casque pour le combat spirituel.

Ce n'est pas nous qui le fabriquons, il est forgé par le Christ lui-même pour qui nous combattons.

Dieu nous sauve par pure miséricorde, sans considérer nos œuvres :

> *Ne rougis donc pas du témoignage à rendre à notre Seigneur, ni de moi son prisonnier, mais souffre plutôt avec moi pour l'Évangile, soutenu par la force de Dieu, qui nous a sauvés et nous a appelés d'un saint appel, non en considération de nos œuvres, mais conformément à son propre dessein et à sa grâce.*
> (2 Timothée 1, 8-9)

> *Poussé par sa seule miséricorde, Dieu nous a sauvés par le bain de la régénération et de la rénovation en l'Esprit Saint.*
> (Tite 3, 5)

Puisque nous croyons en cette Parole de Dieu, nous devons nous comporter en « sauvés » et manifester, par toute notre vie, l'amour de Dieu et l'amour du prochain qui découlent de ce salut.

Être sauvé ? Mais je ne suis pas perdu !

Nos oreilles ont été très réceptives à un évangile contrefait qui a été prêché toutes ces dernières décennies. C'est l'Évangile selon Michel Polnareff. Sa bonne nouvelle : « On ira tous au paradis ! » Excellente musique, paroles désastreuses. La grande cohorte de ceux qui se dirigent droit vers l'enfer chante ce refrain.

Les membres d'une autre cohorte vous sourient béatement lorsque vous dites : « Le Christ est venu nous sauver. » Le regard éberlué : « Ah bon ? Nous sommes en danger ? » On pourrait leur répondre : « Non, tu n'es pas en danger, t'es déjà mort ! Mais Jésus peut venir te chercher et te redonner vie » (cf. Matthieu 8, 22).
Beaucoup ont perdu la conscience du danger. Ils ont oublié que, depuis Noé, nos civilisations sont construites en zones inondables…

Ne pas se sentir perdu ! Depuis quand doit-on se fier à ce que l'on sent ou ressent ? La terre tourne à une vitesse folle et pourtant nous ne le sentons pas.

Savoir que l'on a besoin d'être sauvé est de l'ordre de la révélation.

Il devrait y avoir un panneau à l'entrée de la planète : « Sauvons l'humanité ! » Or aujourd'hui, les panneaux fleurissent avec écrit : « Sauvons la Terre ! »
Être sauvé, c'est éclore et non pas mourir. Le but de la vie, c'est de s'épanouir à la vie nouvelle – accomplir son salut implique de porter du fruit (Philippiens 2, 12). Or, sans la Révélation, nous n'en avons pas conscience. De plus, nous ne savons

pas comment faire. Le Christ est venu nous l'enseigner et nous donner les moyens d'y parvenir.

Parce que c'est une révélation, le Salut est un casque. Il faut que nous gardions bien cela en tête, et il nous faut protéger cette connaissance car elle va être attaquée. Elle l'a été chez les grands saints qui en sont les témoins. L'adversaire les attaquait en leur montrant leur péché et en tentant de les désespérer, leur faisant croire qu'ils étaient perdus à jamais, damnés. Sans la protection du casque, sans l'avoir mis sur leur tête, ils n'auraient pas pu remporter la victoire.

De nos jours, rouler en scooter sans casque, c'est être à la fois inconscient et commettre une infraction. Partir au combat sans casque, pour les guerriers que nous sommes, c'est être d'une grande inconscience et ne pas respecter la Parole de Dieu…
Pourtant, dans la vie courante, beaucoup de personnes circulent sans casque ou avec un casque de mauvaise qualité.

Méfions-nous des casques en toc

À la place du casque du Salut, l'adversaire vous en propose des beaux : le matériau hyper-résistant qu'est le Salut est remplacé par une fausse miséricorde : « Dieu est tellement bon que quoi que tu fasses, tu seras sauvé » ; « L'enfer n'existe pas, tu n'as rien à craindre, soucie-toi seulement de ta réussite, de ton confort, de ton bien-être. »

Ce casque de mauvaise qualité est fait d'un alliage de matériaux tels que volonté de pouvoir, de gloriole, de richesse. Un casque en toc mais qui brille. Il n'est pas « coulé dans le bronze », et son or, c'est du plaqué. Au moindre choc, il est pulvérisé.

Or, le matériau de notre casque de chrétien est fait d'une matière appelée « Salut ».

C'est le plus résistant de tous... à condition de le porter bien sûr. Et c'est bien là le problème. Combien d'entre nous se comportent comme des adolescents fougueux, montés sur leur scooter, cheveux au vent ? Certes ils ont un casque mais ils sont assis dessus : il est enfermé dans la selle de leur engin... Or il nous est dit : « *Prenez toutes les armes de Dieu, afin de pouvoir résister dans le mauvais jour, et tenir ferme après avoir tout surmonté. [...] Prenez aussi le casque du Salut...* » (Éphésiens 6, 13.17).

Coiffons le casque du Salut !
Parce que c'est dans notre tête que ça se passe

C'est la manière dont nous pensons notre vie, la manière dont nous accueillons la grâce, qui fait toute la différence. C'est une révélation qu'il faut intégrer dans notre intelligence pour qu'elle imprègne notre conscience. Christ est venu nous sauver. Le livre de la Sagesse (5, 18) nous rappelle que le casque du Salut est un *jugement sans feinte*.

Paul l'évoque dans l'Épître aux Romains (12, 2) lorsqu'il nous appelle à renouveler notre jugement, notre intelligence.

Le casque du Salut est posé sur notre tête parce qu'une grande partie du combat se passe au niveau de la tête. C'est là que se bousculent les pensées, que s'agglutinent les doutes, que se forgent les réflexions, que se prennent les décisions. C'est donc à la tête que sont portés les coups qui nous sonnent, nous désorientent.

Le fait de ne plus avoir à nous soucier de notre salut, parce qu'il est acquis une fois pour toutes par le Christ, nous donne cette pleine liberté d'être et de mouvement intérieur.

Notre casque est léger car c'est le Christ qui l'a allégé par sa victoire. Ne nous a-t-il pas dit que *son joug est doux et son fardeau léger* (Matthieu 11, 30) ? Alors cessons de le voir comme un casque lourd et pesant et portons-le avec fierté et dignité.

Entraînement spirituel

- **Sommes-nous sûrs que le Christ nous a sauvés ?**

- **En quelle matière notre casque est-il fait ? Du salut de Dieu ou du pouvoir et de la gloriole du monde ?**

- **Demandons au Père de nous rendre la joie d'être sauvés (Psaume 50 [51], 14).**

LE GLAIVE DE L'ESPRIT

> « *Recevez le glaive de l'Esprit, c'est-à-dire la Parole de Dieu.* »
> (Éphésiens 6, 17)

Comme le casque, le glaive de l'Esprit est à recevoir. Ce n'est pas la peine de nous forger notre propre glaive avec nos propres matériaux.

L'épée est l'arme offensive du corps à corps. Elle complète efficacement l'équipement de combat du chrétien. Pour signifier ce combat, nous pouvons nous référer à la parole du Christ : « *Je ne suis pas venu apporter la paix mais l'épée* » (Matthieu 10, 34). À travers cette parole, nous avons une leçon de maniement de cette épée.

Mais avant de voir son *maniement*, étudions sa *composition*.

En quel métal est fabriquée cette épée ?

Ce qui valut la victoire et la supériorité à certaines peuplades, ce fut la qualité de leurs épées. Ce qui vaut pour les combats matériels vaut tout autant pour le combat spirituel. En quel métal cette épée est-elle fabriquée ? Quelles sont ses caractéristiques ?

> *La parole de Dieu est vivante et efficace, plus tranchante qu'une épée quelconque à deux tranchants, pénétrante jusqu'à partager âme et esprit, jointures et moelles ; elle juge les sentiments et les pensées du cœur.*
> (Hébreux 4, 12)

La Parole de Dieu nous est décrite comme une épée éminemment moderne, une sorte d'épée laser, digne de *La Guerre des étoiles* ! Mais après tout, n'est-ce pas une guerre des étoiles que nous livrons, nous qui sommes appelés à lutter non pas contre la chair mais contre les principautés, les dominations, les puissances qui habitent les lieux célestes (Éphésiens 6, 12) ?

L'art du maniement

C'est une épée de lumière au service de la Vérité, qui révèle les fautes, qui met au jour ce qui est caché. Son fourreau, c'est notre bouche. À quoi sert une épée qui resterait dans son fourreau ? Elle est juste bonne pour la parade mais pas pour le combat. Il nous faut extraire la Parole des Écritures et la proclamer comme on sort son épée du fourreau.

Le glaive de l'Esprit

De la bouche du fils d'homme sortait une épée aiguë, à deux tranchants ; et son visage était comme le soleil lorsqu'il brille de toute sa force.

(Apocalypse 1, 16)

Il faut apprendre à manier cette épée.

Entraînons-nous en regardant le Christ la manier pour combattre l'adversaire, le diable, en combat singulier au désert.

L'épisode est digne des meilleurs duels de cape et d'épée.

Dans le silence du désert, le choc des armes est effrayant. En croisant le fer, les coups portés sont redoutables, ils ont des retentissements jusqu'au fond des abîmes. Parole de Dieu contre parole de Dieu, glaive contre glaive.

C'est la nature du métal qui fait la supériorité. La lame du Christ atteint jusqu'au cœur de l'adversaire car sa Parole est pure, et sa lame souple est en acier trempé dans le bain de la Vérité, tandis que celle de l'adversaire est dure et entachée de particules qui la fragilisent : il y a des « si » dans le métal de sa lame. Son acier est trompé, durci dans le bain du doute et du mensonge.

Regardons la scène :

Alors Jésus fut emmené par l'Esprit dans le désert, pour être tenté par le diable.
Après avoir jeûné quarante jours et quarante nuits, il eut faim.

> *Le tentateur, s'étant approché, lui dit : « Si tu es Fils de Dieu, ordonne que ces pierres deviennent des pains. »*
> *Jésus répondit : « Il est écrit : L'homme ne vivra pas de pain seulement, mais de toute parole qui sort de la bouche de Dieu. »*
> *Le diable le transporta dans la ville sainte, le plaça sur le haut du temple, et lui dit : « Si tu es Fils de Dieu, jette-toi en bas ; car il est écrit : Il donnera des ordres à ses anges à ton sujet ; et ils te porteront sur les mains, de peur que ton pied ne heurte contre une pierre. » Jésus lui dit : « Il est aussi écrit : Tu ne tenteras point le Seigneur, ton Dieu. »*
> *Le diable le transporta encore sur une montagne très élevée, lui montra tous les royaumes du monde et leur gloire, et lui dit : « Je te donnerai toutes ces choses, si tu te prosternes et m'adores. » Jésus lui dit : « Retire-toi, Satan ! Car il est écrit : Tu adoreras le Seigneur, ton Dieu, et tu le serviras lui seul. »*
> *Alors le diable le laissa. Et voici, des anges vinrent auprès de Jésus, et le servaient. »*

(Matthieu 4, 1-11)

Entraînons-nous au combat en approfondissant notre connaissance de la Parole de Dieu. Son maniement est la mise en œuvre de cette Parole dans nos vies. « *Heureux plutôt ceux qui écoutent la Parole de Dieu et la mettent en pratique* » (Luc 11, 28 ; voir aussi 8, 21).

C'est avec cette même Parole de Dieu – épée à deux tranchants –, que nous sommes appelés à lutter contre le Mauvais.

C'est cette épée qui redonne vue à l'aveugle de naissance (Jean 9, 1-41). Encore cette épée, tranchante et pénétrante, qui révèle à la Samaritaine son passé et lui apporte la paix parce que son cœur y aspirait (Jean 4, 7-26).
C'est cette même épée puissante qui permet de couper les liens qui nous entravent et entravent nos frères. C'est ce qui arrive au paralytique : l'épée coupe les liens qui l'attachaient à sa maladie. C'est cette même épée qui brise la faux de la mort et ramène à la vie Lazare (Jean 11, 43). Elle fait circuler à nouveau le sang de la vérité et de la vie.

Le Christ, dans l'ultime combat qu'il livra sur la Croix, lorsqu'il poussa un grand cri et rendit l'esprit, porta l'estocade lorsque la lame de son épée « fendit » le voile du temple, montrant ainsi que ce qui nous était voilé – le saint des saints –, nous était enfin accessible (Matthieu 27, 35-51), afin que l'Esprit se répande sur le monde.
Les rochers eux-mêmes se fendirent sous la puissance de l'ultime coup porté par le Christ. Répercussions inimaginables : les morts sortirent des tombeaux (Matthieu 27, 52) !

Nous comprenons mieux cette parole énigmatique de Jésus :

Je ne suis pas venu apporter la paix mais l'épée.
(Matthieu 10, 34)

Il s'agit bien là de la Parole de Dieu.
La paix qu'il est venu apporter n'est pas la paix du monde ; c'est une paix donnée ; une pacification de l'être. Bizarrement cette paix rend furieux les esprits faux, les êtres au cœur partagé.

Je vous laisse la paix, je vous donne ma paix. Je ne vous la donne pas comme le monde la donne.
(Jean 14, 27)

Ainsi parle celui qui possède l'épée acérée à deux tranchants.
(Apocalypse 2, 12)

Sortons la Parole de son fourreau à de nobles fins, pour combattre le bon combat, et écoutons le conseil de Paul :

De votre bouche ne doit sortir aucun mauvais propos, mais plutôt toute bonne parole capable d'édifier, quand il le faut, et de faire du bien à ceux qui l'entendent.
(Éphésiens 4, 29)

Entraînement spirituel

- Limitons-nous dans nos paroles à ne prononcer que des paroles de vie.

- Ne disons aucun mal d'autrui... ni aucun bien de nous-mêmes.

- Dans les combats quotidiens que nous rencontrons, voyons quelle est la Parole de Dieu utile pour édifier.

ARMEMENT DE BASE ET ARMES SPÉCIFIQUES

Quand Paul nous dit de revêtir l'armure de Dieu, il nous parle en réalité de revêtir le Christ. Il nous donne alors diverses manières de qualifier le Christ qui est à la fois celui qui nous sauve, nous garde, nous protège, nous rend victorieux, pour peu que nous agissions par lui, avec lui et en lui, comme nous le rappelle chaque messe à laquelle nous assistons.

Paul ne nous dit pas : « Voici la liste des armes à votre disposition. » Tout comme dans la Première épître aux Corinthiens (chapitres 12 à 14), il ne nous dit pas : « Voici la liste des charismes. »

Il existe d'autres armes et d'autres aides puissantes pour nous permettre de mener le bon combat, nous rendre encore plus efficaces et nous assurer la victoire.

Des chrétiens créent des chaînes de prières qui revêtent différentes formes. Internet et notamment Facebook servent à mobiliser un grand nombre de croyants, que ce soit pour des intentions générales, comme les Veilleurs, ou des causes particulières, maladie d'un proche…

Un Jéricho

Dans ce registre, il peut arriver d'être invité à faire un *Jéricho* lorsqu'une personne ou un groupe se retrouve face à un mur, une situation totalement bloquée. Ce *Jéricho* dure sept jours, voire sept semaines, et se base sur le fameux passage biblique dans le livre de Josué (chapitre 6) où les Israélites font tomber les murailles de la ville de Jéricho, réputée imprenable, en faisant sept fois le tour de l'enceinte.

Cette prière donne une grande part à la louange et à la proclamation de la victoire alors que l'on se trouve face à un obstacle insurmontable[1].

Voyons maintenant deux armes couramment utilisées par les croyants :

- le chapelet ou la fronde de Marie ;
- les neuvaines.

---

1. Deux exemples de Jéricho sur internet : *www.mariereine.com/affiche. php3?ID=753&categorie=3* et *www.alleluia-france.com/louange-et-adoration/ jericho-de-louange.html*.

La fronde de Marie, le chapelet

> « *Cette prière est pour vous une arme contre les ennemis visibles et invisibles, c'est le signe de mon amour pour les chrétiens.* »
> (Apparition de la Vierge Marie à saint Dominique)

Depuis le jour où j'ai été invité par la Vierge Marie à réciter quotidiennement le chapelet, au point de le porter à la ceinture, je l'ai toujours assimilé à une fronde.

Au bout de quelques temps, je me suis demandé s'il y avait une trace du chapelet dans la Bible. Poussé par l'Esprit Saint, j'ouvris ma Bible et tombai dans le Premier livre de Samuel, au chapitre 17, sur le fameux passage de David et Goliath.

Peu à peu cette histoire, immortalisée par de nombreux peintres et illustrateurs, devint lumineuse, et éclaira même ma manière de mener le bon combat. Nous avons là un résumé de ce que doit être notre attitude. Examinons l'attitude de David qui préfigure la nôtre, et qu'elle nous serve de leçon au combat.

Combat de David et Goliath
(1 Samuel 17, 1…58)

¹ Les Philistins réunirent leurs armées pour faire la guerre […]. ² Saül et les hommes d'Israël se rassemblèrent aussi ; ils campèrent dans la vallée des térébinthes, et ils se mirent en ordre de bataille contre les Philistins. […]

*⁴ Un homme sortit alors du camp des Philistins et s'avança entre les deux armées. Il se nommait Goliath, il était de Gath, et il avait une taille de six coudées et un empan. ⁵ Sur sa tête était un **casque d'airain**, et il portait une **cuirasse à écailles** du poids de cinq mille sicles d'airain. ⁶ Il avait aux jambes une armure d'airain, et un **javelot d'airain** entre les épaules. ⁷ Le bois de sa lance était comme une ensouple de tisserand, et la lance pesait six cents sicles de fer. Celui qui portait son **bouclier** marchait devant lui. ⁸ Le Philistin s'arrêta ; et, s'adressant aux troupes d'Israël rangées en bataille, il leur cria : Pourquoi sortez-vous pour vous ranger en bataille ? Ne suis-je pas le Philistin, et n'êtes-vous pas des esclaves de Saül ? Choisissez un homme qui descende contre moi ! ⁹ S'il peut me battre et qu'il me tue, nous vous serons assujettis ; mais si je l'emporte sur lui et que je le tue, vous nous serez assujettis et vous nous servirez. ¹⁰ Le Philistin dit encore : Je jette en ce jour un défi à l'armée d'Israël ! Donnez-moi un homme, et nous nous battrons ensemble. ¹¹ Saül et tout Israël entendirent ces paroles du Philistin, et ils furent effrayés et saisis d'une grande crainte. ¹² Or David était fils de cet Éphratien de Bethléhem de Juda, nommé Isaï, qui avait huit fils,*

et qui, du temps de Saül, était vieux, avancé en âge. […] ¹⁴ David était le plus jeune. […]

²³ Tandis qu'il parlait avec eux, voici, le Philistin de Gath, nommé Goliath, s'avança entre les deux armées, hors des rangs des Philistins. Il tint les mêmes discours que précédemment, et David les entendit. ²⁴ À la vue de cet homme, tous ceux d'Israël s'enfuirent devant lui et furent saisis d'une grande crainte. ²⁵ Chacun disait : Avez-vous vu s'avancer cet homme ? C'est pour jeter à Israël un défi qu'il s'est avancé ! Si quelqu'un le tue, le roi le comblera de richesses, il lui donnera sa fille, et il affranchira la maison de son père en Israël. ²⁶ David dit aux hommes qui se trouvaient près de lui : Que fera-t-on à celui qui tuera ce Philistin, et qui ôtera l'opprobre de dessus Israël ? Qui est donc ce Philistin, cet incirconcis, pour insulter l'armée du Dieu vivant ? […]

³¹ Lorsqu'on eut entendu les paroles prononcées par David, on les répéta devant Saül, qui le fit chercher. ³² David dit à Saül : Que personne ne se décourage à cause de ce Philistin ! Ton serviteur ira se battre avec lui. ³³ Saül dit à David : Tu ne peux pas aller te battre avec ce Philistin, car tu es un enfant, et il est un homme de guerre dès sa jeunesse. ³⁴ David dit à Saül : Ton serviteur faisait paître les brebis de son père. Et quand un lion ou un ours venait en enlever une du troupeau, ³⁵ je courais après lui, je le frappais, et j'arrachais la brebis de sa gueule. S'il se dressait contre moi, je le saisissais par la gorge, je le frappais, et je le tuais. ³⁶ C'est ainsi que ton serviteur a terrassé le lion et l'ours, et il en sera du Philistin, de cet incirconcis, comme de l'un d'eux, car il a insulté l'armée du Dieu vivant. ³⁷ David dit encore : L'Éternel, qui m'a délivré de la griffe du lion et de la patte de l'ours, me délivrera aussi de la main de ce Philistin. Et Saül dit à David : Va, et que l'Éternel soit avec toi !

*³⁸ Saül fit mettre ses vêtements à David, il plaça sur sa tête un casque d'airain, et le revêtit d'une cuirasse. ³⁹ David ceignit l'épée de Saül par-dessus ses habits, et voulut marcher, car il n'avait pas encore essayé. Mais il dit à Saül : **Je ne puis pas marcher avec cette armure, je n'y suis pas accoutumé**. Et il s'en débarrassa. ⁴⁰ **Il prit en main son bâton**, choisit dans le torrent **cinq pierres polies**, et les mit dans sa gibecière de berger et dans sa poche. Puis, **sa fronde à la main**, il s'avança contre le Philistin. ⁴¹ Le Philistin s'approcha peu à peu de David, et l'homme qui portait son bouclier marchait devant lui. ⁴² Le Philistin regarda, et lorsqu'il aperçut David, il le méprisa, ne voyant en lui qu'un enfant, blond et d'une belle figure. ⁴³ Le Philistin dit à David : **Suis-je un chien, pour que tu viennes à moi avec des bâtons ?** Et, **après l'avoir maudit par ses dieux**, ⁴⁴ il ajouta : Viens vers moi, et je donnerai ta chair aux oiseaux du ciel et aux bêtes des champs. ⁴⁵ David dit au Philistin : **Tu marches contre moi avec l'épée, la lance et le javelot ; et moi, je marche contre toi au nom de l'Éternel des armées, du Dieu de l'armée d'Israël, que tu as insultée**. ⁴⁶ Aujourd'hui l'Éternel te livrera entre mes mains, je t'abattrai et je te couperai la tête ; aujourd'hui je donnerai les cadavres du camp des*

Philistins aux oiseaux du ciel et aux animaux de la terre. Et toute la terre saura qu'Israël a un Dieu. [47] *Et toute cette multitude saura que **ce n'est ni par l'épée ni par la lance que l'Éternel sauve. Car la victoire appartient à l'Éternel. Et il vous livre entre nos mains.*** [48] *Aussitôt que le Philistin se mit en mouvement pour marcher au-devant de David, **David courut sur le champ de bataille** à la rencontre du Philistin.* [49] *Il mit la main dans sa gibecière, y **prit une pierre, et la lança avec sa fronde** ; il frappa le Philistin au front, et la pierre s'enfonça dans le front du Philistin, qui tomba le visage contre terre.*
[50] ***Ainsi, avec une fronde et une pierre, David fut plus fort que le Philistin ; il le terrassa et lui ôta la vie, sans avoir d'épée à la main.*** [51] *Il courut, s'arrêta près du Philistin, se saisit de son épée qu'il tira du fourreau, le tua et lui coupa la tête. Les Philistins, voyant que leur héros était mort, prirent la fuite.*

Ce texte, outre son côté haut en couleur, a la vertu d'être un excellent résumé de toute la problématique du « bon » combat.

État des lieux avant le combat

L'ennemi est redoutable, impressionnant par sa taille – environ trois mètres –, on pourrait dire le double de David. L'ennemi est donc de taille !

De plus, il est armé jusqu'aux dents et, fait intéressant, son armement peut être comparé au nôtre, tel que nous l'avons étudié : armure, casque, bouclier, épée ; un petit plus avec le javelot que l'on pourrait apparenter aux flèches enflammées du Malin (v. 5-7). Le tout est en *airain,* l'un des métaux les plus résistants de l'époque, réputé pour sa dureté.

David a en face de lui le top de la technologie. L'ennemi est terrible et les combattants sont effrayés et saisis d'une grande crainte face à la puissance d'un tel adversaire (v. 11).

Dans nos combats spirituels, il arrive que l'ennemi nous paraisse effrayant et l'obstacle insurmontable. Or, dans cet épisode, ce qui est intéressant, c'est ce qui se passe ensuite et qui nous rejoint pleinement quand il s'agit de nous mettre dans l'attitude pour livrer le bon combat.

David a un état d'esprit très différent des troupes d'Israël, prêtes à combattre mais se croyant vaincues d'avance. Habité par l'Esprit, David relève le défi et propose de combattre ce géant malgré tout ce qui est dit. Les uns et les autres lui peignent un tableau qui ne donne pas envie d'y aller, voire même, entament son ardeur. C'est souvent ce qui nous arrive lorsque nous demandons conseil, même à des croyants : « N'y va pas, c'est impossible… ce n'est pas la peine de s'acharner… la cause est perdue d'avance… » Comme dans le texte : « *Tu ne peux pas aller te battre avec ce Philistin, car tu es un enfant, et il est un homme de guerre dès sa jeunesse* » (v. 33).

Le peuple regarde la situation avec les yeux de la chair, tandis que David regarde avec les yeux de l'Esprit.

Faire mémoire et combattre dans l'Esprit

David fait la bascule, si importante dans le combat, en énonçant deux points importants :

- Je suis là aujourd'hui car, par le passé, Dieu m'a toujours aidé et soutenu (v. 34-36).
- Donc, aujourd'hui encore, Dieu me soutiendra (v. 37).

Pourquoi Dieu, tout à coup, nous abandonnerait-il ? David va puiser des forces face aux arguments de Saül en faisant « mémoire » de ce que Dieu a fait pour lui[1].

Une fois acquis le fait d'aller au combat, une nouvelle tentation attend celui qui doit livrer le bon combat. Et la tentation peut venir de l'entourage, même de nos frères chrétiens !

Les experts, les conseillers, les intelligents, les sages en tous genres selon les réalités terrestres veulent armer David comme l'est son adversaire.

David se retrouve donc armé jusqu'aux dents, revêtu d'une armure « charnelle », qu'on lui met

---

1. Voir pages 139-140, versets 34-37.

sans prendre le soin d'enlever ses vêtements[1]. Il se rend tout de suite compte que cette armure, loin de faire de lui un guerrier redoutable, l'handicape : « *Je ne puis marcher avec cette armure* »... et il s'en débarrasse (v. 38-39).

Les armes qui rendent fort l'homme charnel affaiblissent l'homme spirituel. L'homme spirituel combat avec des armes spirituelles. Son armure, c'est l'onction qui l'unit à Dieu, l'onction de son baptême. David est d'ailleurs une préfiguration du Christ, appelé « fils de David ». S'il cherche à utiliser les armes charnelles, il perd sa puissance et devient plus faible que l'homme charnel qui, lui, combat selon sa propre logique et sur son propre terrain.

David, obéissant à l'Esprit Saint, se contente de ses armes : son bâton et sa fronde, ridicules face aux armes de l'ennemi. Mais ce bâton est celui de la foi. Le mot hébreu qui le qualifie est *maqqel*, qui vient d'un verbe qui veut dire « germer ». Le bâton est celui de la foi qui met en marche et fait germer la victoire. C'est celui que les Hébreux tiennent en main lorsqu'ils mangent la Pâque, leur libération (Exode 12, 11).

---

1. Voir le chapitre *Revêtons l'armure de Dieu*, page 75.

> *Si vous aviez de la foi comme un grain de sénevé, vous diriez à cette montagne : Transporte-toi d'ici là, et elle se transporterait ; rien ne vous serait impossible.*

(Matthieu 17, 20)

Pour armer sa fronde, David va à la rivière et choisit cinq pierres polies. Pourquoi cinq ? Polies ? Ce n'est pas lui qui les polit. Elles le sont par le courant de la rivière, tout comme ces *Ave Maria* et ces *Notre Père* polis par le flot continu de la rivière de prière des chrétiens qui, chaque jour, prient avec le chapelet. Dans ces cinq pierres, j'ai tout de suite vu les cinq dizaines du chapelet, chacune des pierres représentant l'un des cinq mystères des différents événements de la vie du Christ – joyeux, douloureux, lumineux, glorieux.

Le chapelet est la fronde de ceux qui ne se sentent pas de taille à porter l'armure, l'épée et le bouclier. La fronde est l'équivalent au combat de ce que l'ascenseur de sainte Thérèse de Lisieux était à l'ascension de la montagne sainte. Comme David, elle ne se sentait pas de taille à parvenir au sommet par les durs raidillons décrits par Thérèse d'Avila et Jean de la Croix.

Devons-nous pour autant renoncer à l'armure ? Ce serait une grossière erreur. Car n'oublions pas que tout ce que nous avons appelé l'armure de Dieu n'est qu'une manière approfondie de caractériser le fait que nous avons revêtu le Christ : « *Vous tous qui avez été baptisés en Christ, vous avez revêtu le Christ »* (Galates 3, 27).

Le pape François nous rappelle l'importance du chapelet dans le combat que nous menons :

> Marie est désormais entrée dans la gloire du ciel une fois pour toutes. Mais cela ne signifie pas qu'elle est loin, qu'elle est détachée de nous ; au contraire, Marie nous accompagne, elle lutte avec nous, elle soutient les chrétiens dans le combat contre les forces du mal…
> La prière avec Marie, en particulier le chapelet, a aussi cette dimension « agonistique », c'est-à-dire de lutte, une prière qui soutient dans la bataille contre le Malin et contre ses complices. Le chapelet aussi nous soutient dans la bataille[1].

Le chapelet est une arme redoutable, utilisée également par les géants de l'intelligence et de la prédication que sont les dominicains. Il n'est pas l'apanage uniquement des petits et des pauvres comme on voudrait le faire croire, le réduisant à une pratique de piété populaire pour déficients spirituels.

David, en allant combattre avec comme seule arme sa fronde, n'était pas amoindri. Bien qu'il suscitât le mépris chez Goliath, qui maudit David par ses dieux, il n'en était pas moins fort du fait

---
1. Messe de l'Assomption, 15 août 2013, *in Zenit*.

qu'il avait conscience de sa faiblesse et qu'il s'en remettait entièrement entre les mains du Dieu vivant, « *l'Éternel des armées* » (v. 43-47).

« *Quand je suis faible, c'est alors je suis fort* » dira plus tard Paul, dans la même attitude de cœur et d'esprit que David (2 Corinthiens 12, 10).

L'ennemi est touché dans son orgueil de voir que l'on emploie des moyens désuets, des personnes non taillées pour le combat, pour aller contre lui. C'est d'ailleurs en partie cette attitude qui causera sa perte car il n'ira pas combattre avec la même rigueur tactique, la même ardeur meurtrière que s'il était face à un ennemi qui avait une allure de combattant.

C'est certainement à cause de cela qu'il a été touché au front par la pierre, fort qu'il se croyait de pouvoir aller au combat sans casque. Avec David, une seule pierre, polie dans la rivière, suffit à triompher d'un ennemi qui, ne l'oublions pas, terrorisait les troupes d'Israël.

Mais ne nous réjouissons pas trop vite, cela doit aussi nous servir de leçon. Ne préságeons jamais des manœuvres et des tactiques de l'ennemi.

Bien qu'apparemment David aille nu et démuni au combat, il a revêtu l'armure de Dieu. Il a bien :

- la Vérité pour ceinture,
- la Justice pour cuirasse,

- le Zèle pour chaussures,
- le Salut pour casque,
- la Parole de Dieu pour épée.

Entraînement spirituel

- **Entraînons-nous à utiliser le chapelet dans les combats. De préférence, ayons-en un dans notre poche.**

- **Autant que nous le pouvons, méditons le chapelet accompagné des mystères joyeux, douloureux, lumineux et glorieux.**

- **Si nous avons des difficultés avec la prière du chapelet, demandons l'aide de la Vierge Marie.**

Pour aller plus loin : *CEC,* § 971, 2678-79.

Les neuvaines

Le combat spirituel se passe d'abord dans l'invisible, avant que celui-ci ne devienne visible, car l'invisible a vocation à s'incarner. Le bien comme le mal s'incarnent.

Nous pouvons donc lutter contre le mal avant qu'il ne s'incarne, et lutter aussi quand il s'est incarné. Mais bien qu'incarné, c'est toujours dans l'invisible que nous sommes invités à gagner le combat avant de le gagner dans le visible... encore que les apparences soient parfois trompeuses et semblent nous déclarer perdants.

L'exemple du Christ mort en croix était celui de l'échec absolu. Nous n'imaginons pas la détresse de ceux qui l'avaient suivi car nous connaissons la fin de l'histoire et nous gommons ce passage au profit de la Résurrection.

Or, dans notre vie, nous ne pouvons gommer ces temps de défaite apparente que seule la Résurrection – la victoire – viendra contredire.

L'entre-deux est une bataille terrible que nous ne pouvons relativiser d'un clin d'œil.

Les neuvaines, nombreuses, sont une manière de lutter, soit seul, soit en associant d'autres personnes.

Souvent il nous est demandé de nous associer à telle ou telle neuvaine pour telle ou telle cause.

Le chiffre neuf dans la Bible marque la souffrance et le chagrin. Les neuvaines, comme leur nom l'indique, durent neuf jours. Elles peuvent revêtir des formes différentes : soit être identiques chaque jour, soit varier tout au long de la neuvaine.

La neuvaine n'est pas une prière magique, mais une demande insistante auprès de Dieu. Nous frappons à la porte de Dieu pour nous-mêmes ou pour l'ami qui vient demander de l'aide. Dieu connaît la situation que nous lui présentons. Il s'agit donc d'intercéder avec un cœur d'enfant et de nous mettre à son écoute dans la confiance. Notre Dieu est vivant !

Dans une neuvaine, on paie de sa personne, car elle est toujours un appel à la conversion même si l'objet de la prière concerne une autre personne, et à plus forte raison si elle nous concerne personnellement : maladie, situation, choix à faire...

La neuvaine fait penser à la « tortue » des légionnaires romains qui, recouverts de leur bouclier, pénétraient les lignes ennemies, remportant ainsi la victoire[1].

---

1. Voir le chapitre *Le bouclier de la Foi*, page 109.

Que chacun se laisse inspirer par l'Esprit Saint dans le choix de la neuvaine.

Elles suivent, sans que ce soit péjoratif, des modes. À telle ou telle époque, on fera plus appel à telle forme de dévotion, à tel saint… Cela est variable aussi en fonction des pays et des traditions familiales. J'ai baigné durant toute mon enfance dans les neuvaines à sainte Rita car ma mère avait une affection particulière pour cette sainte.

C'est important de se souvenir de nos traditions familiales, car nous nous glissons dans un chemin parcouru par nos ancêtres et nous assurons ainsi la continuité spécifique de la famille dans l'exercice de la piété.

Ces dernières années, une neuvaine « à succès » est celle de *Marie qui défait les nœuds*. Il est évident qu'avec nos modes de vie, nous nous emmêlons les pinceaux et nos vies ressemblent à un vrai plat de nouilles.

La patience de la Vierge nous aide à défaire le sac de nœuds qu'est notre vie, en espérant que nous cesserons de faire des nœuds là où nous sommes appelés à la liberté.

Nous pouvons citer quelques neuvaines[1] sans que ce soit exhaustif :

---

1. Pour plus de détails, consulter l'excellent ouvrage, best-seller, de Frère BERNARD-MARIE : *Neuvaines pour les jours difficiles*, Paris, Salvator, 2007.

- *Neuvaine à la Sainte Trinité*
- *Neuvaine au Cœur miséricordieux de Jésus*
- *Neuvaine à la Divine Miséricorde*
- *Grande Neuvaine de l'Immaculée Conception*
- *Neuvaine à Notre-Dame du Perpétuel Secours*
- *Neuvaine à Notre-Dame du Mont-Carmel*
- *Neuvaine à Notre-Dame de Lourdes*
- *Neuvaine à Marie qui défait les nœuds*

- *Neuvaine au Cœur sacré de Jésus (de Padre Pio)*
- *Neuvaine à saint Joseph*
- *Neuvaine à sainte Thérèse*
- *Neuvaine à sainte Rita*
- *Neuvaine à mon ange gardien*
- *Neuvaine à saint Raphaël*
- *Neuvaine à saint Michel*

N'oublions pas, enfin, que la neuvaine s'accompagne souvent de jeûne, de démarche de réconciliation par la confession, et de la communion eucharistique.

Une tradition veut que l'on communie le dernier jour en offrant à Dieu les intentions de la neuvaine.

NOTRE MODE DE VIE
DE CHRÉTIEN AU COMBAT

VIVONS DANS UN ESPRIT DE PRIÈRE

> *« Vivez dans la prière et les supplications ;
> priez en tout temps, dans l'Esprit ;
> apportez-y une vigilance inlassable et intercédez
> pour tous les saints. »*
> (Éphésiens 6, 18)

Le mode de vie du combattant est un mode de vie spécial. Nous sommes comparables à des troupes parachutées derrière des lignes ennemies. *« Ils ne sont pas du monde, comme moi je ne suis pas du monde »*, nous enseigne Jésus, en parlant de ses disciples (Jean 17, 16).

Nous sommes dans notre vie quotidienne comme les *Blues Brothers* : « En mission spéciale pour le Seigneur ! »

La prière

« Vivez dans la prière et les supplications... » : drôle de mode de vie ! « Je ne vais quand même pas passer ma vie à prier ? » Si ce genre de réaction de rejet nous vient suite à cette invitation, il y a fort à

parier que l'adversaire vient de nous atteindre avec un trait enflammé.

Qu'y a-t-il de plus doux et de plus beau que de s'entretenir avec l'être aimé ? Interrogeons-nous quelques instants.

Nous sommes appelés à un mode de vie fait de prière et de supplications. Cela peut paraître impossible dans une vie accaparée par les soucis du quotidien : vie professionnelle prenante, vie familiale pesante, etc.

Prenons conscience que, si le Seigneur nous demande de prier, il est sûr qu'il nous en donne les moyens. Ce sera un grand déblocage ! Nous demanderait-il quelque chose d'impossible ? Et même si ça l'était, il le rendrait possible car *« rien n'est impossible à Dieu »* (Luc 1, 37). Cela fait partie du combat, c'est même le début du combat que d'implanter la prière dans nos vies. Un combat de taille, qui nous oblige à un renversement complet de logique. Car il ne s'agit pas tant de faire entrer la prière dans notre vie, il s'agit plutôt de construire notre vie autour de la prière.

Le Seigneur nous y invite lorsqu'au jardin de Gethsémani, il mène son grand combat qui ouvre sa Passion. Il dit à ses disciples : *« Veillez et priez pour ne pas entrer en tentation : l'esprit est ardent, mais la chair est faible »* (Matthieu 26, 41).

Tant que nous chercherons à intégrer la prière dans nos vies, nous serons dans un perpétuel conflit intérieur qui sera un conflit d'intérêts : intérêt pour le travail, la famille, soi-même...

« *Vivez dans la prière* » implique que notre vie soit plongée dans la prière, et non pas la prière plongée dans notre vie !

Il nous faut comprendre une bonne fois pour toutes que le baptême fait de nous des chrétiens et qu'un chrétien est un combattant.

L'ennemi attaque souvent par surprise, au moment où l'on ne s'y attend pas. Nous en faisons tous l'expérience. Il faut donc veiller.

Bienheureux ceux qui ont des frères dans la foi qui les aident à veiller.

Les supplications

Se savoir faible, même si l'on est bien armé, c'est être fort. Souvent nous péchons car nous sommes présomptueux. Paul a cette phrase magnifique : « *C'est quand je suis faible que je suis fort* » (2 Corinthiens 12, 10).

Il faut donc vivre dans la supplication en demandant sans cesse à Dieu de nous assister dans le combat. C'est ce que nous demandons dans le *Notre Père* : « *Ne nous laisse pas entrer en tentation, mais délivre-nous du mal.* »

L'art de la supplication nous semble aussi étranger que peut l'être l'art aborigène à un Occidental. L'initiation idéale à la supplication se fait par les Psaumes. Heureux ceux que la *Liturgie des Heures*[1] nourrit. À travers les Psaumes, la supplication trouve des mots pour toutes les situations de la vie. Ces mots sont remplis de la foi de tous les croyants qui, depuis plus de trois mille ans, supplient Dieu au quotidien de leur vie.

Prier en tout temps dans l'Esprit

Il ne nous est pas demandé de prier de temps en temps, quand on en ressent le besoin, ou quand on en a envie.

Prions en tout temps et par tous les temps. Qu'il fasse beau ou qu'il pleuve, prions. Qu'il neige ou qu'il grêle, prions.

Notre vie est une vie de prière. Prier, c'est amener de l'air dans les poumons de notre âme. Si nous manquons d'air, si nous respirons mal, nous aurons beau avoir l'armement le plus performant qui soit, nous serons diminués[2].

La respiration est vitale dans la vie, mortelle dans le combat, si nous suffoquons.

---

1. La *Liturgie des Heures* porte différents noms : *L'Office divin*, *Prière du Temps Présent* (PTP), *Bréviaire*. Beaucoup pensent qu'elle est réservée aux prêtres et religieux ; en réalité, elle est la prière de toute l'Église, donc aussi des laïcs, comme le précise le *CEC*, § 1175.
2. Voir le chapitre *Respirons et marchons dans l'Esprit*, page 191.

La précision qu'apporte Paul est importante : prier « *dans l'Esprit* ».

Il ne s'agit pas de prier n'importe comment, surtout dans le combat. Ce n'est pas charnellement que nous devons prier. Il s'agit de demander au Père d'être remplis de l'Esprit Saint, car seul l'Esprit Saint peut nous guider dans la stratégie du combat. L'Esprit Saint a ses drones qui nous donnent des renseignements sur la stratégie de l'ennemi ; encore faut-il que nous soyons branchés sur la fréquence du Saint-Esprit, que nous l'écoutions et que nous en soyons remplis.

> *De même aussi, l'Esprit nous aide dans notre faiblesse, car nous ne savons pas ce qu'il convient de demander pour prier comme il faut. Mais l'Esprit lui-même intercède par des soupirs inexprimables ; et celui qui sonde les cœurs connaît la pensée de l'Esprit, parce que c'est selon Dieu qu'il intercède en faveur des saints.*

(Romains 8, 26-27)

Guidés et assistés par l'Esprit Saint, nous bénéficions des moyens que l'Esprit met à notre disposition[1].

L'Esprit Saint nous rappelle toute chose, il nous garde en éveil, il nous permet d'être victorieux dans le combat sur la chair, chair par laquelle le démon a

---

1. Voir le chapitre *Parlons en langues*, page 175.

des portes d'entrée en nous ; il empoisonne nos puits, vole notre nourriture, nous affaiblit.

Une grande ennemie : la lassitude

La vigilance inlassable paraît au-dessus de nos forces. Or, beaucoup de combats sont perdus parce que nous nous lassons. L'expression « de guerre lasse » qualifie souvent notre résignation. Nous capitulons devant l'ennemi, non sans avoir livré combat, mais parce que, usés par les attaques incessantes et par notre manque de vigilance, nous baissons les bras.

Un bel exemple de lutte contre la fatigue et la lassitude nous est donné dans la Bible avec Moïse :

Les Amalécites vinrent combattre Israël à Rephidim. Alors Moïse dit à Josué : Choisis-nous des hommes, sors, et combats Amalek ; demain je me tiendrai sur le sommet de la colline, le bâton de Dieu dans ma main. Josué fit ce que lui avait dit Moïse, pour combattre Amalek. Et Moïse, Aaron et Hur montèrent au sommet de la colline.
Lorsque Moïse élevait sa main, Israël était le plus fort ; et lorsqu'il baissait sa main, Amalek était le plus fort. Les mains de Moïse étant fatiguées, ils prirent une pierre qu'ils placèrent sous lui, et il s'assit dessus. Aaron et Hur soutenaient ses mains, l'un d'un côté, l'autre de l'autre ; et ses mains restèrent fermes jusqu'au coucher du soleil. Et Josué vainquit Amalek

et son peuple, au tranchant de l'épée. L'Éternel dit à Moïse : écris cela dans le livre, pour que le souvenir s'en conserve...

(Exode 17, 8-14)

Ne jamais baisser les bras ! Comment est-ce possible sans le soutien de ses frères dans la foi ? Sans le soutien d'Aaron et Hur, tout Moïse qu'il était, la bataille aurait été perdue. C'est une grande leçon qu'il nous faut retenir.

L'ennemi nous attaque le plus souvent aux moments clés de notre vie, aux carrefours, à ces embranchements décisifs qui engagent l'avenir, afin de nous entraîner sur un mauvais chemin.

Une fois que nous l'avons emprunté, il nous laisse en paix car nous sommes sur le mauvais chemin, les ronces, les épines, les bêtes venimeuses auront raison de nous. Plus besoin pour l'adversaire de nous attaquer. Le chemin est tellement insalubre que le chemin lui-même triomphera de nous.

Quand nous décidons de combattre vraiment dans l'armée du Seigneur, l'ennemi attaque fortement. Il fait tout pour nous décourager et notre inexpérience a souvent raison de notre bonne volonté.

Par expérience, j'ai compris que l'ennemi – comme les Américains et leur système d'interception des communications « Echelon » – écoute nos conversations intérieures, capte nos résolutions et fait tout pour que nous ne les tenions pas.

Il y a donc des manières de communiquer qui restent secrètes, cryptées entre Dieu et nous. Il faut savoir se rendre discret aux oreilles de l'ennemi. Jésus nous l'indique de manière imagée lorsqu'il nous dit : « *Que ta main gauche ignore ce que fait ta main droite* » (Matthieu 6, 3). Nous agissons alors comme ces prestidigitateurs qui détournent l'attention du public. On agite la main gauche pendant que la droite fait ce qu'elle a à faire, sans que le spectateur s'en aperçoive.

L'ennemi sait aussi – et nous le savons nous-mêmes, plus ou moins consciemment – quand nous allons tenir une résolution ou ne pas la tenir, perdre le combat ou le gagner.

Au début du Carême, si nous ne prenons pas fermement la résolution que l'Esprit Saint a mise dans notre cœur, l'adversaire fera les quatre cents coups pour que nous cédions. S'il sait, parce que nous le savons nous-mêmes, que nous sommes prêts à mourir sur place plutôt que de lui céder un pouce de terrain, il nous laissera tranquilles... en attendant un moment plus opportun. C'est pourquoi nous devons toujours rester vigilants.

La bienfaisante vigilance

Être vigilant, ce n'est pas être tendu, crispé, effrayé par le moindre bruit inconnu.

Anecdote

Au Canada, je profitais d'un week-end libre pour prendre un temps de retraite dans un lieu magnifique au bord de la rivière Outaouais, près d'Ottawa, à Champboisé. Ce lieu, dédié à la prière, se compose de petits chalets répartis dans une grande prairie bordée de forêts. Je me réjouissais du silence et des belles balades méditatives en perspective. Le père qui m'accueillait, fort sympathique, m'explique les us et coutumes du lieu. Tout me convenait parfaitement. Au moment de nous quitter, il me dit : « Au fait, si vous vous promenez, soyez prudent, en ce moment, il y a des ours ! » Voilà comment, en quelques mots, furent gâchées mes balades méditatives.

Au moindre craquement dans la forêt, et Dieu sait s'il y en a, je m'attendais à voir surgir l'ours qui m'aurait été fatal. Dieu soit loué, je n'en rencontrai aucun, mais le mal était fait.

*

Être vigilant, ce n'est pas vivre dans la crainte, c'est être en éveil pour le bien comme pour le mal. C'est ne pas s'assoupir, mais c'est se réjouir, vivre pleinement. Ce n'est pas éprouvant d'être vigilant, car c'est vraiment vivre pleinement et aller de l'avant.

Intercéder pour tous les saints

Une bonne manière d'être vigilants, c'est de savoir que nous avons la responsabilité de nos frères.

Prions pour tous nos frères chrétiens qui luttent pour que triomphent l'amour et la Vérité, souvent au péril de leur vie. Prier, c'est assurer pour eux le ravitaillement de la grâce et la force dans le combat. La communion des saints n'est pas un vain mot.

Sans ce climat propice qui nous assure la maîtrise du terrain pour mener le bon combat, il y a fort à parier que nous irons de défaites en défaites, de découragements en découragements.

Prier pour les saints, c'est aussi comprendre que l'ennemi fera tout pour nous isoler de la troupe afin de nous rendre vulnérables.

Un slogan courait dans les années 1980 : « Un chrétien isolé est un chrétien en danger. »

« *Votre adversaire, le diable, rôde comme un lion rugissant, cherchant qui il dévorera* », nous rappelle saint Pierre dans son Épître (1 Pierre 5, 8).

Nous avons tous vu ces documentaires animaliers où le lion poursuit un troupeau contre lequel il ne peut rien, si ce n'est l'effrayer, afin d'isoler tel ou tel de ses membres et en faire sa proie.

Ce que nous voyons à la télé se passe dans le monde spirituel de la même manière.

L'ennemi fera tout pour isoler le chrétien afin qu'il n'ait ni le secours de ses frères, ni le secours de la grâce des sacrements.

Ses techniques pour nous éloigner de la vie sacramentelle sont connues :

- inspiration d'un regard critique sur la paroisse à laquelle nous devrions appartenir ;
- liturgies pas à notre goût ; curé pas assez ceci ou cela ;
- fatigue de la semaine et repos bien mérité du dimanche qui fait préférer la grasse matinée à la messe du matin (pour rappel : il y en a aussi une le samedi soir, voire le dimanche soir).

De plus, le Malin attise notre orgueil qui nous fait croire que, étant chrétiens, nous traitons en direct avec Dieu. Donc pas besoin de l'Église, qu'elle soit catholique, protestante, orthodoxe, ou que sais-je encore…

Le but de la manœuvre ? On ne s'en rend pas compte tout de suite, mais c'est l'isolement, l'affaiblissement, la perte du tonus et le renoncement au combat.

Alors, prions, soyons vigilants et intercédons sans cesse.

Entraînement spirituel

- **Interrogeons-nous sur notre isolement. Est-il voulu par Dieu ou est-il le fruit de notre négligence ?**

- **Apprenons à entretenir, au fil des heures, le contact avec le Seigneur.**

- **Portons nos frères dans la prière.**

Pour aller plus loin : *CEC*, § 2730.

JEÛNONS ET PRIONS

> « *Quand Jésus fut entré dans la maison,
> ses disciples lui demandèrent en particulier :
> Pourquoi n'avons-nous pu chasser cet esprit ?
> Il leur dit : cette espèce-là ne peut sortir
> que par la prière et le jeûne.* »
> (Marc 9, 28-29)

Cette parole de Jésus explique l'échec des disciples et souligne l'importance du jeûne et de la prière dans le combat spirituel, celui que nous avons à mener.

Jésus lui-même a inauguré sa vie publique par un temps de jeûne et de prière, juste après son baptême. Poussé par l'Esprit Saint au désert, il jeûna et pria durant quarante jours. Il nous ouvrit le chemin du combat, comme on ouvre une nouvelle voie en montagne. Ceux qui passent en premier posent des pitons et des anneaux dans la falaise pour pouvoir assurer l'ascension de ceux qui tenteront l'aventure à leur suite. Jésus a ouvert une voie pour nous. Il a vaincu l'adversaire dans le combat sans merci que ce dernier lui livrait. Il remporta la victoire, source de toutes nos victoires, et anticipa ainsi l'ultime victoire de la Croix.

Traiter du jeûne en tant que tel n'est pas le sujet de ce chapitre. Nous le considérerons uniquement sous l'angle du « mode de vie » du chrétien au combat.

Pour comprendre le jeûne, il faut que nous sortions de notre logique moderne et occidentale. Dans la logique d'Israël, le jeûne n'est pas un exploit ascétique. C'est une attitude d'humilité et de prise de conscience de dépendance à l'égard de Dieu.

Le jeûne n'est donc pas simplement une « privation » mais un temps de rencontre plus intense avec Dieu. Sans cette attitude de cœur, sans ce désir, le jeûne n'est qu'un « régime », qui a certainement une valeur, mais pas celle que nous recherchons.

Or pour nous, il s'agit, comme l'indique Jésus, d'un moyen de combattre et d'obtenir la victoire.

Le jeûne a deux compagnons inséparables : la prière et l'aumône. C'est ce que Jésus mentionne quand il parle de la justice (Matthieu 6, 1-18[1]).

---

1. Voir page 99.

C'est en jeûnant que l'on devient gênant

Il y a mille formes de jeûne et l'Esprit Saint montre à chacun par quel moyen il peut, en jeûnant de telle ou telle manière, être plus en communion avec le Père. N'oublions pas que c'est l'Esprit Saint qui a conduit Jésus au désert afin de jeûner et de mener le combat contre l'adversaire (Luc 4, 1-13). C'est en jeûnant que l'on devient gênant… pour l'ennemi.

Nous pouvons commencer par jeûner de nourriture, en refusant tout simplement le superflu et la consommation solitaire.

Il est possible de faire un pas de plus, en nous contentant de prendre du pain et de l'eau, comme le recommande la Vierge Marie.

C'est une méthode de jeûne idéale, car nous pouvons ainsi ne pas être préoccupés par un trop grand souci de nourriture, les besoins élémentaires vitaux étant assouvis par le pain et l'eau. Nous nous rendons compte d'ailleurs que, par la pratique de ce type de jeûne, le problème n'est pas dans la privation de nourriture…

Nous pouvons faire jeûner nos sens :

• Notre ouïe : les paroles, les musiques que nous entendons sont de la nourriture. Il ne viendrait l'idée à personne de manger de la nourriture avariée. Que d'infos, que de paroles de chansons avariées ne nous sert-on pas en permanence !

Ne pas être branché à longueur de temps sur son smartphone, sur sa radio préférée, c'est permettre à notre oreille d'écouter notre voix intérieure.

N'oublions pas le début du premier commandement : « *Écoute, Israël...* » (Marc 12, 29). Jeûner, c'est aussi nous mettre à l'écoute, nous rendre disponibles, attentifs à ce que Dieu veut nous dire.

C'est aussi ne pas nous polluer – ce qui nous oblige à nous dépolluer – sur le conseil de Jésus lui-même : « *Faites attention à la manière dont vous écoutez* » (Luc 8, 18), car « *la foi vient de ce qu'on entend* » (Romains 10, 17).

• Notre vue : jeûner du regard. Nous sommes sans cesse agressés, sans même nous en rendre compte, par une quantité d'images que nous n'avons pas sollicitées mais qui nous sollicitent. Limiter la quantité d'images parasites qui vient sans cesse envahir notre vision semblerait une mesure d'hygiène incontestable.

Jeûner de télévision, d'Internet, surtout lorsqu'on se laisse aller à « consommer » des images et à faire entrer n'importe quoi en nous.

• Notre langue : jeûner de paroles inutiles, ne pas dire du mal de qui ou de quoi que ce soit durant une journée. L'angoisse existentielle nous envahit assez rapidement... nous n'avons plus grand-chose à dire.

Qu'il ne sorte de votre bouche aucune parole mauvaise, mais, s'il y a lieu, quelque bonne parole, qui serve à l'édification et communique une grâce à ceux qui l'entendent.
(Éphésiens 4, 29)

La meilleure manière de nous entraîner au jeûne, de nous disposer à une juste mesure, c'est de jeûner au quotidien du superflu. Tout acte de jeûne inconsidéré peut nous affaiblir. Attention au retour de manivelle.

L'adversaire est assez malin pour tenter de nous faire prendre des chemins ascétiques qui se retourneraient contre nous. N'oublions pas les remarques de Jésus aux pharisiens, qui jeûnaient mais avaient détourné le sens du jeûne, cherchant à se faire bien voir des hommes, au lieu de le faire pour Dieu, qui est dans le secret de nos cœurs.

Dans le combat, la prudence est de mise.

Jeûner et prier

Profiter du temps dégagé par le jeûne pour s'isoler et intercéder pour la cause qui nous tient à cœur. Là aussi, il y aurait beaucoup à dire sur les différentes manières de prier, mais ce n'est pas le lieu. N'oublions pas l'invitation de Paul aux Éphésiens : « *Priez en tout temps dans l'Esprit*[1] ».

---

1. Voir le chapitre *Vivons dans un esprit de prière*, page 155.

Retenons simplement qu'il est toujours préférable, surtout si on a peu d'expérience dans la prière, de s'appuyer sur la Parole de Dieu. Avoir sur soi les Évangiles et les Psaumes[1] s'avère d'une grande utilité. Les Psaumes ont l'avantage d'épouser toutes les situations et tous les sentiments qu'un homme peut éprouver dans sa vie. De plus, les Psaumes sont la prière de l'Église au quotidien dans la *Liturgie des Heures*[2].

Tout ce qui vient d'être énuméré ci-dessus est d'une redoutable puissance et efficacité dans le combat, à condition bien sûr que la finalité ne soit pas perdue de vue : se rapprocher du Seigneur et se mettre à son écoute et à celle de son prochain. Il nous conseillera alors sur la manière de mener tel ou tel combat et d'en sortir victorieux.

---

[1]. Des éditions très bien faites et peu encombrantes existent et ne prennent pas de place dans un sac ou une poche.
[2]. Voir note 1, page 158.

Entraînement spirituel

- **Testons les différents types de jeûnes évoqués : sons, images, paroles.**

- **Ne dissocions pas jeûne et prière : prions durant le temps que nous aurions consacré au repas.**

- **Profitons d'une occasion qui se présentera pour commencer à jeûner (prière pour un malade, décision importante à prendre, etc.).**

Pour aller plus loin : *CEC*, § 1434, 1438.

PARLONS EN LANGUES

*« Celui qui parle en langue s'édifie lui-même [...].
Car si je prie en langue, mon esprit est en prière [...].
Je rends grâces à Dieu de ce que je parle en langue
plus que vous tous. »*
(1 Corinthiens 14, 4.14.18)

Toute armée communique avec un langage crypté pour ne pas être comprise de l'ennemi. Si le Seigneur vous a équipés de cette option pour le combat, utilisez-la !

Vous avez reçu le charisme du « don des langues », soit lors de votre effusion de l'Esprit Saint, soit plus tard, au cours d'une soirée de prière ou à tout autre moment où le Seigneur aura jugé bon de vous en pourvoir ; vous avez là une aide précieuse dans le combat spirituel.

Parler en langues, chanter en langues, n'est pas l'exclusivité des soirées de prière charismatiques. Si vous l'avez reçu, vous pouvez parler ou chanter en langues en marchant dans la rue, en faisant vos courses, en voiture, même sous la douche... Bref, quand vous voulez.

« Beaucoup de personnes, un jour, ont chanté ou parlé en langues et ont perdu ce charisme, tout simplement parce qu'elles ont oublié de l'exercer. En effet, aucun charisme ne demeure, s'il n'est pas exercé. Or "le parler ou le chanter en langues" disparaît dès lors que la personne ne l'exerce plus. Ce charisme, tous peuvent l'exercer partout, car je peux parler ou chanter en langues dans mon cœur », nous rappelle le père Pierre Jarry.

Bien qu'il soit considéré comme le plus petit, ce don déconcertant pour l'intelligence est celui qui suscite le plus de passions et d'interrogations.

Je ne vais pas, à travers ce chapitre, traiter de ce sujet, mais seulement donner quelques détails et justifier l'importance de ce don, son utilité et son utilisation dans le combat spirituel.

Petit rappel, mais rappel essentiel : *« Ce ne sont pas contre des adversaires de chair et de sang »* que nous devons lutter. Il s'agit donc d'utiliser des moyens spirituels, et le don des langues en est un.

Une grande partie du combat, nous l'avons compris, se joue en nous. Avant de se manifester extérieurement, c'est dans notre cœur et dans notre tête que se déroule l'essentiel du combat.

Nous avons tous constaté la difficulté de maîtriser nos pensées. Notre tête s'emballe très vite et, tel un cheval fou, galope vers le précipice dans lequel nous tombons si nous n'arrivons pas à maîtriser notre monture.

De plus, les traits enflammés du Mauvais viennent mettre le feu en nous et, dans la panique intérieure que suscite l'incendie, nous ne respectons aucune des consignes de sécurité que Paul énumère : « *Priez en tout temps, dans l'Esprit.* » Par ce don des langues, nous sommes véritablement équipés d'un « extincteur spirituel » qui vient à bout de tous les débuts d'incendie.

Priez en tout temps, dans l'Esprit... Bien malin celui qui affirmerait qu'il prie en tout temps... et en plus dans l'Esprit. Nous n'y parvenons pas et j'ai souvent constaté que, si je n'étais pas attentif en mettant en place des dispositifs pour rappeler mon attention à la prière, je pouvais passer une journée entière, pris dans le feu de l'action, sans prier !

Priez en tout temps, dans l'Esprit... c'est possible grâce au don des langues. Il vient au secours de notre faiblesse car nous ne savons pas prier comme il faut :

De même aussi l'Esprit vient au secours de notre faiblesse, car nous ne savons pas ce qu'il convient de demander dans nos prières. Mais l'Esprit lui-même intercède par des soupirs inexprimables ; et celui qui sonde les cœurs connaît quelle est l'intention de l'Esprit : c'est selon Dieu qu'il intercède en faveur des saints.

(Romains 8, 26-27)

On retrouve là les éléments du conseil donné par Paul au chapitre 6 de la Lettre aux Éphésiens.

L'autre avantage du parler en langues, c'est la déconnexion opérée sur le plan mental. Le combat se jouant dans notre esprit, à moins d'être super aguerris, nous avons du mal à maîtriser notre esprit qui part au galop et nous entraîne dans des schémas de pensée qui nous conduisent à la défaite. Jésus lui-même nous met en garde : « *L'esprit est prompt, mais la chair est faible* » (Matthieu 26, 41).

Le parler et le chant en langues déconnectent nos engrenages, et l'on se rend compte que les attaques mentales n'ont plus de prise, elles tournent dans le vide et n'embrayent plus sur des mécanismes qui nous conduisent au péché.

De plus, parler ou chanter en langues à deux autres avantages :

- cela nous fortifie intérieurement ;
- cela nous inspire et nous ouvre à des attitudes à adopter, des répliques à formuler que nous n'imaginions pas auparavant.

C'est ainsi que dans le combat spirituel, grâce au parler en langues, j'ai pris conscience de la place et de l'importance de la respiration dans le combat[1].

Quand le combat se déroule en pleine réunion, il est possible aussi de parler et chanter en langues... intérieurement. Mieux vaut d'ailleurs éviter de se mettre à parler en langues au milieu d'une réunion houleuse dans votre société ; cela risquerait de vous valoir une convocation au mieux à la médecine du travail, au pire chez le DRH en vue d'une sortie négociée de l'entreprise.

Parler ou chanter en langues intérieurement est tout aussi efficace car la déconnection s'opère au niveau de la pensée. Or, sauf avis contraire, la pensée est invisible, bien que des signes extérieurs la trahissent souvent.

Paul rappelait aux Corinthiens, qui n'avaient manifestement pas la langue dans leur poche : « *Je parle en langues plus que vous tous* », ce qui ne nous étonne pas venant de lui. Paul utilisait beaucoup ce don, ce qui n'était pas sans lien aussi avec la puissance de sa parole, car le parler en langues inspire les mots que l'on prononce et leur donne puissance.

Je ne saurais que trop conseiller, si nous avons reçu ce don, de le raviver et de l'utiliser sans modé-

---

[1]. Voir le chapitre *Respirons et marchons dans l'Esprit*, page 191.

ration, à haute voix ou dans le silence de notre cœur. De plus, il est souvent la porte d'entrée par laquelle nous accédons aux autres dons qui peuvent être très utiles dans le combat, notamment le discernement des esprits. Il est donc une aide précieuse pour mener le bon combat.

Entraînement spirituel

- **Entretenons le réflexe de chanter en langues, voire de parler en langues, quand nous avons des moments libres.**

- **Ravivons ce don si nous l'avons laissé s'éteindre.**

- **Demandons ce don à Dieu si nous avons senti, à la lecture, le désir de le recevoir.**

PRIONS ET LOUONS LE SEIGNEUR AVEC LE CŒUR

> *« Récitez entre vous des psaumes,*
> *des hymnes et des cantiques inspirés ;*
> *chantez et célébrez le Seigneur de tout votre cœur. »*
> (Éphésiens 5, 19)

Qu'on n'aille pas penser, frères chrétiens, que seuls les prêtres et les moines ont le devoir de prier continuellement, et non les laïcs. Non, non. Tous les chrétiens ont en commun le devoir de se trouver toujours en prière.

(Grégoire de Palmas)

La prière du cœur

Comme il s'agit de prier sans cesse, il existe différentes techniques pour cela. Le monde orthodoxe, à l'unisson des grandes traditions religieuses du monde, a compris l'importance de la répétition. On retrouve cela dans le bouddhisme, l'islam, le catholicisme…

La répétition n'a qu'un seul but : passer de la tête au cœur et faire en sorte que le cœur continue à prier même lorsque la tête est occupée à autre chose.

Il y a donc des étapes d'infusion de la prière en nous, pour parvenir à une union plus intime avec Dieu. Cette union n'est pas une garantie de paix mais celle d'une plus grande victoire dans les combats. N'oublions pas que nous sommes là pour combattre et non pour trouver une planque qui nous mettrait à l'abri des attaques.

Nous avons tous plus ou moins entendu parler de la « petite philocalie », immortalisée dans la littérature par les *Récits d'un pèlerin russe*. Elle est aussi appelée « prière du cœur », ou « prière de Jésus », avec sa phrase à réciter continuellement :

« Jésus, fils de Dieu, Sauveur,
prends pitié de moi, pécheur. »

Cette prière me rendait si heureux que je ne pensais pas qu'on pût l'être plus sur terre... Ce bonheur illuminait mon âme et le monde extérieur[1].

D'autres paroles venant de la liturgie ou de dévotions spécifiques peuvent être utilisées :

---

1. *Récits d'un pèlerin russe*, en version poche, Paris, Éditions du Seuil, 1999.

« Dieu Saint, Saint Fort, Saint Immortel,
Prends pitié de nous. »

« Jésus, j'ai confiance en toi ! »

« Ô Sang et Eau, qui avez jailli du Cœur de Jésus,
Source de miséricorde, j'ai confiance en vous. »

Cette prière du cœur est un moyen de répondre à l'invitation de Paul : *« Priez sans cesse »* (1 Thessaloniciens 5, 17), qui reprend elle-même la grande invitation de Jésus à Gethsémani : *« Veillez et priez pour ne pas entrer en tentation »* (Marc 14, 38).

La tradition mystique a donc mis en place les moyens de réaliser cette injonction du Christ. Elle a fait naître cette prière du cœur, sous la forme d'une phrase type, adaptée à tous.

Certains starets avaient l'art de personnaliser, pour telle ou telle personne, et pour un temps donné, une phrase adaptée à leur situation.

J'ai découvert et expérimenté cela un jour sous ma douche. J'ai reçu comme une grâce pour le combat spirituel une phrase du Nouveau Testament : *« Considérez que vous êtes morts au péché et vivants pour Dieu en Jésus Christ »* (Romains 6, 11). Outre le côté libérateur que ce verset produisit instantanément en moi, durant presque un an, dès que les tentations se présentaient à moi, le verset venait s'appliquer et les dissolvait, comme un rayon de soleil fait disparaître la buée sur une vitre.

Pour être efficace, il faut que la phrase soit courte et de préférence tirée de la Bible ou d'un message d'une apparition de la Vierge, comme celle de la rue du Bac, qui orne les médailles miraculeuses :

« Ô Marie, conçue sans péché, priez pour nous qui avons recours à vous. »

Une phrase plus longue – dévotion liée à Notre-Dame de Fatima –, est aussi utilisée :

« Ô mon Jésus, pardonnez-nous tous nos péchés,
préservez-nous du feu de l'enfer,
et conduisez au Ciel toutes les âmes,
surtout celles qui ont le plus besoin
de votre miséricorde. »

Souvent récitée à la fin d'une dizaine de chapelet, elle peut sembler trop longue pour être récitée continuellement et devenir prière du cœur.

La louange

Nous avons tous vu des films de grande bataille où les troupes avancent avec courage au milieu de la mitraille, au son de la cornemuse et des chants.

Le chant est synonyme de vigueur et nous en avons besoin pour vaincre l'ennemi qui accumule pièges, obstacles, difficultés sur notre route ; sans compter les haut-parleurs qui ne cessent de nous désinformer pour nous sabrer le moral. La désinformation n'a pas été inventée par les armées modernes. Le roi de la désinformation, c'est l'adversaire. Souvenons-nous du récit de la Genèse et du péché originel au jardin d'Éden (3, 1-7).

La louange est le parent pauvre de notre éducation chrétienne. On ne nous a pas éduqués à louer le Seigneur… en tout temps.

Je ne vais pas faire ici un traité sur la louange. Il en existe de très bons, notamment les ouvrages de Merlin Carothers[1]. Ils ont transformé la vie de nombreux chrétiens qui, de chrétiens accablés qu'ils étaient, sont devenus des chrétiens victorieux par le nom de Jésus.

Je vous renvoie donc à la lecture de ces ouvrages, qui ne sont pas des traités de théologie mais le témoignage d'un homme confronté à l'adversité et qui a découvert *la puissance de la louange.*

La louange, à défaut d'être une arme, est une force.

---

1. *La Puissance de la louange* et *De la prison à la louange.* Ces deux titres sont parus aux Éditions Foi et Victoire.

Je ne saurais que renvoyer à ce qui fut la louange du peuple d'Israël : les Psaumes (ce mot signifie « louange »).

Nous avons là, par les Psaumes, les louanges pour toutes les situations de la vie mais, surtout, la louange dans l'adversité et la détresse, quand on croit que tout est perdu.

Aucune situation n'est désespérée, grâce à la louange qui ouvre toujours un chemin, fait naître des solutions imprévues, conforte le cœur dans l'ardeur au combat, donne la force de ne pas trahir et se rallier à l'ennemi.

Louer Dieu quand tout va bien, c'est déjà bien. Louer Dieu quand tout va mal, c'est encore mieux. N'oublions pas ce que l'Évangile nous enseigne : « *Dieu fait pleuvoir sur les justes et sur les injustes* » (Matthieu 5, 45). La différence ? Les justes rendent grâce tandis que les injustes pestent.

À titre d'invitation à nous imprégner des Psaumes pour installer en nous un esprit de louange durable, lisons le psaume 26 (27) :

> *Le Seigneur est ma lumière et mon salut ;*
> *de qui aurais-je crainte ?*
> *Le Seigneur est le rempart de ma vie ;*
> *devant qui tremblerais-je ?*

*Si des méchants s'avancent contre moi
pour me déchirer,
ce sont eux, mes ennemis, mes adversaires,
qui perdent pied et succombent.*

*Qu'une armée se déploie devant moi,
mon cœur est sans crainte ;
que la bataille s'engage contre moi,
je garde confiance.*

*J'ai demandé une chose au Seigneur,
la seule que je cherche :
habiter la maison du Seigneur
tous les jours de ma vie,
pour admirer le Seigneur dans sa beauté
et m'attacher à son temple.*

*Oui, il me réserve un lieu sûr
au jour du malheur ;
il me cache au plus secret de sa tente,
il m'élève sur le roc.*

*Maintenant je relève la tête
devant mes ennemis.
J'irai célébrer dans sa tente
le sacrifice d'ovation ;
je chanterai, je fêterai le Seigneur.*

Écoute, Seigneur, je t'appelle !
Pitié ! Réponds-moi !
Mon cœur m'a redit ta parole :
« Cherchez ma face. »

C'est ta face, Seigneur, que je cherche :
ne me cache pas ta face.
N'écarte pas ton serviteur avec colère :
tu restes mon secours.

Ne me laisse pas, ne m'abandonne pas,
Dieu, mon salut !
Mon père et ma mère m'abandonnent ;
le Seigneur me reçoit.

Enseigne-moi ton chemin, Seigneur,
conduis-moi par des routes sûres,
malgré ceux qui me guettent.

Ne me livre pas à la merci de l'adversaire :
contre moi se sont levés de faux témoins
qui soufflent la violence.

Mais j'en suis sûr, je verrai les bontés du Seigneur
sur la terre des vivants.
Espère le Seigneur, sois fort et prends courage ;
espère le Seigneur.

Ce psaume nous donne les principes de la louange au combat.

Une affirmation de base qui est le socle de notre vie : « *Le Seigneur est ma lumière et mon salut* », et la conséquence que cela entraîne : « *De qui aurais-je crainte ?* »

Dieu est mon rempart, mon bouclier !

Une fois affirmé cela, je suis sans crainte. Ma crainte est dissoute car je ne fais pas confiance à mes propres forces, mais je m'appuie sur le Seigneur.

Je garde confiance. C'est aussi capital que pour Pierre, lorsqu'il sortit de la barque pour marcher sur l'eau à la rencontre de Jésus. Quand il perdit confiance à cause des éléments extérieurs, il coula. Donc, gardons confiance.

Invitation également à ne pas perdre de vue le but qui est aussi le moyen : habiter la maison du Seigneur, c'est-à-dire demeurer en lui.

Toutes les embûches du terrain sont remises entre les mains de Dieu, et la foi du début s'associe à l'espérance : « *J'en suis sûr, je verrai les bontés du Seigneur sur la terre des vivants. Espère le Seigneur, sois fort et prends courage ; espère le Seigneur.* »

L'esprit de louange est une garantie de victoire car c'est écouter la voix du Seigneur, s'unir à elle, se comporter en fonction d'elle, et fermer ses oreilles à la désinformation de l'ennemi.

Il rejoint sous certaines formes le don des langues que nous avons évoqué[1]. Le parler en langues,

---

1. Voir le chapitre *Parlons en langues*, page 175.

quand il est mis en œuvre, finit souvent par déboucher sur la louange par les Psaumes.

Entraînement spirituel

- **Entraînons-nous à la prière du cœur. Si notre vie est très active, un bon moyen consiste à s'endormir en récitant cette prière. Notre âme continuera durant la nuit sur cette lancée.**

- **Habituons-nous à lire les Psaumes et à les méditer pour qu'ils nous imprègnent et resurgissent spontanément dans les moments de combat.**

- **Apprenons à louer le Seigneur et à le remercier même dans les difficultés.**

Pour aller plus loin : *CEC,* § 2639-2643.

RESPIRONS ET MARCHONS DANS L'ESPRIT

*« L'ennemi cherche ma perte, il foule au sol ma vie ;
il me fait habiter les ténèbres avec les morts de jadis.
Le souffle en moi s'épuise, mon cœur
au fond de moi s'épouvante. »*
(Psaume 142 [143], 3-4)

Respirer dans l'Esprit

Pris dans le combat, nous ne sommes pas assez attentifs à notre souffle, notre respiration, et nous en manquons.

Le souffle, c'est la vie ! Cela peut paraître banal au premier abord de dire cela. Mais dans le combat, la question du souffle est vitale… et pas simplement pour s'enfuir en courant sans être rattrapé par l'ennemi. Encore que !

Nous pouvons nous passer de manger, de boire, durant plusieurs jours, mais nous ne pouvons nous passer de respirer, ne serait-ce que quelques minutes.

Cela montre le caractère essentiel de la respiration, ce que nous oublions trop souvent.

« Quand le démon n'arrive pas à t'arrêter, il te fait courir », bienheureux SMS envoyé par le père René-Luc. Essouffler le combattant ennemi, c'est limiter sa force, le déconcentrer dans le combat, le désorienter. « *Le souffle en moi s'épuise* » est aussi traduit par « *Mon esprit est abattu au-dedans de moi* ».
C'est tout à fait juste quand on sait que l'Esprit et le Souffle ne font qu'un. C'est le même terme hébreu : *Ruah*.

Un jour de combat particulièrement intense, je me suis rendu compte que mon souffle changeait de rythme, qu'il s'accélérait. Je me concentrai alors pour ralentir mon rythme respiratoire, pour respirer plus en profondeur, et je vis revenir une maîtrise de moi-même alors qu'elle était en train de s'évanouir quelques minutes auparavant.

Je rendis grâce à Dieu d'avoir attiré mon attention sur cette chose essentielle dans le combat spirituel : la maîtrise de notre souffle. L'art de bien respirer devrait être enseigné car une bonne oxygénation assure une bonne régénération de notre être.

Nous avons oublié, en Occident, le lien entre souffle et vie spirituelle, tandis que les Orientaux ont exploité en profondeur les techniques liées au souffle.

Ce chapitre n'est pas un cours sur la manière de respirer, mais un éveil de l'attention sur cet aspect de notre fonctionnement.

Vous n'êtes pas obligés de vous inscrire à un cours de yoga pour apprendre cela. Une bonne gymnastique et de la présence d'Esprit seront une aide précieuse pour le combat spirituel que nous menons.

Dans les *Exercices spirituels*, saint Ignace de Loyola, en bon militaire qu'il était, donne trois manières de prier ; l'une d'elle concerne notre respiration :

> La troisième manière de prier est comme en mesure. [...] Elle consiste donc à prier de cœur et à dire de bouche, à chaque respiration ou soupir, une parole du *Notre Père* ou d'une autre prière, de manière à ne prononcer qu'une seule parole entre une respiration et l'autre. Et l'espace de temps qui s'écoule d'une respiration à l'autre doit s'employer à considérer spécialement la signification de cette parole, ou l'excellence de la personne à laquelle la prière s'adresse, ou notre propre indignité, ou la différence entre tant de grandeur d'un côté, et de l'autre tant de bassesse. On prononcera de la même manière toutes les paroles du *Notre Père* ; puis on récitera les autres prières, c'est-à-dire le *Je vous salue Marie*, l'*Âme du Christ*, le *Credo* et le *Salve Regina*, selon la manière ordinaire de prier[1].

---

1. *Exercices spirituels*, § 258.

Ce qui est juste pour la prière est juste aussi pour le combat spirituel.

Marcher dans l'Esprit

Toute armée a une manière de marcher au pas. L'armée du Seigneur n'est pas exempte de cette pratique.

Marcher au pas dans l'armée du Seigneur ne veut pas dire « ne voir qu'une seule tête », mais bien plus « voir *chaque* tête ».

L'art de marcher au pas, c'est la capacité de faire équipe, d'être en communion, en unité avec ceux qui livrent le même combat. Avancer ensemble, soutenus par l'ensemble.

Chaque armée a son pas. Il suffit de regarder les défilés militaires pour voir les différents pas dont certains font naître un sourire tant le pas est digne d'une prouesse physique personnelle et collective qui force l'admiration… amusée.

Marcher au pas du Seigneur

Je ne vous cache pas que ce fut pour moi une véritable révélation, et une clé incomparable qui m'ouvrit à une manière de livrer le combat qui transforma ma vie de foi.

La référence se trouve dans un conseil que donne saint Paul :

Marchez selon l'Esprit et vous n'accomplirez plus les désirs de la chair.

(Galates 5, 16)

Tant que l'on ne marche pas selon l'Esprit, on ne peut lutter efficacement. Marcher selon l'Esprit, c'est marcher en communion avec nos frères, poussés par le même Esprit, aller au même pas. Avec cette particularité – qui rend humainement incompréhensible ce mode de pas –, c'est qu'il est libre mais en harmonie avec les autres.

Dans un défilé où tout le monde marche au même pas cadencé, si vous avez le malheur d'être à contretemps, vous vous prenez des coups de pieds et vous risquez d'être piétinés par le bataillon en marche.

Là, tout est différent. C'est une sorte de ballet, de mobilité harmonieuse, où chacun trouve sa propre place et s'intègre dans un mouvement réglé au millimètre près, à la seconde près, par un logi*ciel* (il porte bien son nom) dont le concepteur est l'Esprit Saint.

En ne marchant pas au fameux « pas de l'Esprit », beaucoup de chrétiens mènent un combat désastreux qui fait des dégâts énormes dans leur vie. Beaucoup essayent de marcher dans l'armée du Seigneur au « pas de la chair ». Ils sont sans cesse à contretemps, en décalage, en retard ou en avance, mais pas au « tempo de l'Esprit ». Découragés, ils pensent alors que tous les conseils évangéliques ne sont plus adaptés à l'époque moderne dans laquelle ils vivent.

Il s'agit donc de faire marcher notre chair au pas de l'Esprit. C'est un entraînement au quotidien qui porte du fruit et facilite le combat spirituel.

Entraînement spirituel

- **Entraînons-nous à respirer selon la méthode proposée par saint Ignace de Loyola évoquée dans ce chapitre.**

- **Apprenons à bien respirer en sortant le ventre quand on inspire et en rentrant le ventre en expirant.**

- **Soyons attentifs à notre respiration dans les moments de combat lors de tentations.**

SOIGNONS NOS BLESSURES
(La confession)

Rappelons-nous que *« vivre c'est combattre »*. Il est quasiment impossible de combattre sans être plus ou moins gravement blessé.

Toute blessure est dangereuse. Certaines, même légères, peuvent s'infecter et se transformer en de graves infections. Il faut donc être attentif et ne pas être négligent. L'Église a mis à notre disposition des sacrements de guérison et particulièrement le sacrement de réconciliation. Je ne l'aborde ici que sous l'angle qui est le nôtre dans cet ouvrage : l'accroissement des forces spirituelles pour le combat chrétien[1]. Cet aspect est d'une très grande importance, mais il est loin d'être le seul, et je vous invite à découvrir ou à redécouvrir le sens profond de ce sacrement[2].

L'Esprit Saint vient à notre aide pour nous faire prendre conscience du péché (Jean 16, 8). Le

---
1. *CEC*, § 1496.
2. *CEC*, § 1422-1498.

débusquer, le reconnaître, le nommer, le combattre, c'est la tâche du chrétien.

La grâce redonnant vie à notre être, nous pouvons à nouveau ressentir la douleur du péché. Ne nous en inquiétons pas. C'est un très bon signe. Tant que nous en souffrons, c'est que nous sommes encore vivants.

Les petites blessures

Soyons attentifs à celles que nous pouvons appeler « péchés véniels ». Elles nous affaiblissent, nous font perdre nos forces et nous épuisent. Ne les minimisons pas.

> L'homme ne peut, tant qu'il est dans la chair, éviter tout péché, du moins les péchés légers. Mais ces péchés que nous disons légers, ne les tiens pas pour anodins : si tu les tiens pour anodins quand tu les pèses, tremble quand tu les comptes. Nombre d'objets légers font une grande masse ; nombre de gouttes emplissent un fleuve ; nombre de grains font un monceau. Quelle est alors notre espérance ? Avant tout, la confession…
>
> (Saint Augustin, *CEC*, § 1863)

Les blessures graves

Celles que nous appelons « péchés mortels » portent bien leur nom. Ils mènent à la mort de la vie divine en nous. Ils nous coupent des forces vives de la grâce et nous rendent impropres au combat.

Quant aux graves blessures, resterions-nous le bras à moitié arraché, à perdre notre sang, sans nous précipiter aux urgences ?

Beaucoup de chrétiens sont paralysés intérieurement ou tombent dans un coma spirituel. Ils sont mis hors combat, parce qu'affaiblis, par manque de soins. Le mal finit par avoir le dessus. Il est donc indispensable pour un combattant de se confesser régulièrement.

Jeanne d'Arc, en bonne guerrière, se confessait… tous les jours ! Ce qui lui valut de mener le bon combat auquel elle avait été appelée par le Seigneur, et de tenir jusqu'au bout sans défaillir.

Beaucoup de difficultés dans nos vies ne se résolvent pas parce que nous n'avons pas recours à ce sacrement de guérison que le Seigneur nous a laissé. Il savait que nous serions blessés, mais il ne veut pas que ces blessures soient mortelles.
Le poids du péché est tel dans nos vies que nous sommes harassés. Or, la confession est un baume qui nous recrée. Il ne replâtre pas, il nous reconstitue, il efface. La force du Seigneur nous est redonnée pour mener à nouveau le combat.

Rappelons-nous, ou prenons connaissance de ce que nous enseigne le *CEC* sur ce sujet.

Le baptême, en donnant la vie de la grâce du Christ, efface le péché originel et retourne l'homme vers Dieu, mais les conséquences pour la nature, affaiblie et inclinée au mal, persistent dans l'homme et l'appellent au combat spirituel[1].

La doctrine sur le péché originel – liée à celle de la Rédemption par le Christ – donne un regard de discernement lucide sur la situation de l'homme et de son agir dans le monde. Par le péché des premiers parents, le diable a acquis une certaine domination sur l'homme, bien que ce dernier demeure libre. Le péché originel entraîne « *la servitude sous le pouvoir de celui qui possédait l'empire de la mort, c'est-à-dire du diable* » (Hébreux 2, 14). Ignorer que l'homme a une nature blessée, inclinée au mal, donne lieu à de graves erreurs dans le domaine de l'éducation, de la politique, de l'action sociale et des mœurs[2].

Prenons donc l'humble résolution, en bons combattants, de nous confesser. Si nous ne l'avons pas fait depuis longtemps, il serait bon de faire une « grande confession » au cours d'une retraite de deux jours, afin de pouvoir *la* préparer et *se* préparer.

Inscrire aussi la confession mensuelle dans notre agenda. Chacun peut choisir le repaire qu'il veut dans le mois. L'important est de noter une date et

---

1. *CEC*, § 405.
2. *CEC*, § 407.

de s'y tenir, sinon, il y a fort à parier qu'une année se passe sans que confession n'advienne.

Entraînement spirituel

- À quand remonte notre dernière confession ?

- Demandons à recevoir une effusion de l'Esprit Saint pour nous faire voir notre péché si nous n'avons pas conscience de notre péché.

- Prenons la décision d'aller recevoir le sacrement de réconciliation.

Pour aller plus loin : *CEC*, § 1422-1498.

L'ARME CHIMIQUE DU DIABLE, L'OUBLI

La guerre chimique ne date pas d'aujourd'hui. Son inventeur est le diable. Il utilise depuis toujours un gaz qui s'attaque à la mémoire et nous fait entrer dans un état de zombie, de mort-vivant. Déconnectons-nous des films d'épouvante qui illustrent l'appellation pour revenir à du sérieux : l'Évangile.

À une personne que Jésus appelle à le suivre et qui demande à aller enterrer son père, il dit : « *Laisse les morts enterrer leurs morts...* » (Luc 9, 59-60).

Les morts qui enterrent des morts, ce sont bien des êtres – apparemment vivants – qui enterrent des personnes réellement mortes.

Si nous ne vivons pas de la vie de Dieu, nous sommes comme morts spirituellement. Jésus a marché toute sa vie au milieu d'un grand champ de bataille, d'hommes et de femmes morts gazés par l'adversaire. Jésus a passé sa vie à redonner vie en donnant sa vie.

Le pape François déclare dans un entretien pour la revue *Études*[1] : « Je vois l'Église comme un hôpital de campagne après une bataille. Nous devons soigner les blessures, soigner les blessures, soigner les blessures. » Il l'a répété trois fois.

Beaucoup de nos contemporains, par ignorance de ce qu'est la vraie vie, livrent leur âme aux idoles. N'oublions pas ce que nous disent les Psaumes :

Les idoles des nations : or et argent,
ouvrage de mains humaines.
Elles ont une bouche et ne parlent pas,
des yeux et ne voient pas.
Leurs oreilles n'entendent pas,
et dans leur bouche, pas le moindre souffle.
Qu'ils deviennent comme elles, tous ceux qui les font,
ceux qui mettent leur foi en elles.
(Psaume 134 [135], 15-18)

Dans leur bouche, pas le moindre souffle... « *Qu'ils deviennent comme elles, tous ceux qui les font !* » Le souffle de vie spirituelle s'éteint petit à petit. C'est pour cela aussi qu'il est dit encore dans la Parole de Dieu, par la bouche du prophète Isaïe annonçant la mission de Jésus, Serviteur du Seigneur :

---

[1]. *Études*, « Un nouveau style d'Église – Interview du pape François », n° 419-4, octobre 2013.

*Le roseau froissé, il ne le brisera pas,
Et la mèche fumante, il ne l'éteindra pas...*
(Matthieu 12, 20 ; Isaïe 42, 1-4)

Le Christ redonne vie à ceux qui le suivent car il est la Résurrection et la vie. La grâce de l'Esprit Saint, comme le dit Jésus, « *vous rappellera toute chose* ». La mémoire nous reviendra. C'est bien ce qui s'est passé à la Pentecôte. C'est bien ce qui se passe dans nos vies lorsque nous recevons une effusion d'Esprit Saint.

Le psalmiste avait déjà perçu l'enjeu du combat et l'importance de la mémoire :

*Si je t'oublie Jérusalem, [...]
Que ma langue s'attache à mon palais.*
(Psaume 136 [137], 5.6)

Que ma langue s'attache à mon palais, signe incontestable d'utilisation d'armes chimiques par l'adversaire. Impossible de parler de notre foi, car l'oubli s'est emparé de nous.

L'oubli est donc une arme maîtresse, terriblement efficace. Beaucoup entrent dans l'oubli et en meurent si personne ne les en sort.

Anecdote

Un jour où je visitais un malade qui était au plus mal et que personne ne venait voir, je lui demandai s'il acceptait que l'on prie ensemble. Il me répondit oui. Je me suis donc mis à prier avec lui et, tout à coup, quelle ne fut pas ma surprise de l'entendre dire : « Ah ! J'avais oublié. » Il me confia que toute sa vie, il avait oublié la foi de son enfance et qu'il avait vécu complètement en dehors de toute pratique religieuse, même personnelle. Or, le fait de prier ensemble lui redonna mémoire.

La paix s'installa dans son cœur et il mourut en paix.

Cette rencontre m'intrigua beaucoup. Comment est-il possible d'oublier durant toute une vie ?

Alors, je compris mieux le sens de certaines prescriptions qui nous sont données dans la Bible.

Dans un tweet du 24 avril 2013, le pape François nous met en garde : « Soyons vigilants pour ne pas oublier Dieu. »

Je retiens quatre attitudes qui font office de masque à gaz en cas d'attaques.

*

Être à l'écoute

Ne jamais perdre la communication et, si on la perd, la rechercher rapidement. Rester branché en permanence sur la fréquence du Seigneur.

Le conseil est donné dans le Deutéronome : « *Écoute, Israël…* »

Maintenant, Israël, écoute les lois et les ordonnances que je vous enseigne. Mettez-les en pratique, afin que vous viviez. […]
Et vous, qui vous êtes attachés à l'Éternel, votre Dieu, vous êtes aujourd'hui tous vivants. […]
Seulement, prends garde à toi et veille attentivement sur ton âme, tous les jours de ta vie, de peur que tu n'oublies les choses que tes yeux ont vues, et qu'elles ne sortent de ton cœur…
(Deutéronome 4, 1.4.9)

Faire mémoire

Toute la force d'Israël a reposé sur sa capacité à faire mémoire. Ce qui est valable pour un peuple est valable pour une personne. Nous sommes forts et inébranlables tant que nous faisons mémoire.

Faire mémoire, ce n'est pas raconter une belle histoire du passé, c'est être un témoin vivant inscrit dans une histoire qui se déroule vers un but précis.

Ainsi, nous pouvons lire ce que certains ont appelé le *Credo des Hébreux* :

Lorsque ton fils te demandera un jour : Que signifient ces préceptes, ces lois et ces ordonnances, que l'Éternel, notre Dieu, vous a prescrits ?

> *Tu diras à ton fils : Nous étions esclaves de Pharaon en Égypte, et l'Éternel nous a fait sortir de l'Égypte par sa main puissante.*
> *L'Éternel a opéré, sous nos yeux, des miracles et des prodiges, grands et désastreux, contre l'Égypte, contre Pharaon et contre toute sa maison ; et il nous a fait sortir de là, pour nous amener dans le pays qu'il avait juré à nos pères de nous donner.*
> *L'Éternel nous a commandé de mettre en pratique toutes ces lois et de craindre l'Éternel, notre Dieu, afin que nous soyons toujours heureux, et qu'il nous conserve la vie, comme il le fait aujourd'hui.*
> (Deutéronome 6, 20-24)

Deux par deux

Je compris mieux encore pourquoi le Seigneur envoie les disciples deux par deux. Ils sont là pour faire mémoire ensemble, pour se pincer lorsqu'ils croient rêver, pour être sûrs de ce qu'ils ont vécu. Pour se soutenir mutuellement, pour se souvenir mutuellement.

Beaucoup oublient parce qu'ils sont seuls, non pas par appel du Seigneur, mais par négligence. Un voile est jeté sur leur conscience et tant que ce voile masque la réalité spirituelle, elle est comme inexistante dans leur vie.

Anecdote

J'aime beaucoup cette anecdote qui illustre à merveille le sujet[1].

Rabbi Israël Baal Shem-Tov, le « Maître du Bon Nom », célèbre pour ses pouvoirs, tenta de forcer la main du Créateur pour hâter la venue du Messie sur la terre. Scandalisé, Satan courut protester devant Dieu en invoquant les lois de la justice car le moment n'était pas encore venu.

Pour avoir osé bousculer l'ordre de la création, le Baal Shem-Tov fut puni et se retrouva sur une île lointaine, prisonnier de démons. Il n'avait plus à ses côtés qu'un fidèle compagnon. Tout lui avait été retiré. Pire, il avait totalement perdu la mémoire. Son compagnon sombrait dans le désespoir. Touché au cœur le Baal Shem lui dit : « Courage, tout n'est pas perdu. Tu es là. Tu n'as qu'à te rappeler une miette de mon enseignement. Cela suffira. » Malheureusement, son compagnon avait tout oublié, lui aussi. Tout oublié... presque tout. Sauf... Sauf quoi ?... Il commença à réciter l'alphabet hébreu : *aleph, beth, guimmel, daleth...*

Ils le récitèrent, recommencèrent encore, et avec tant de ferveur que le Baal Shem tomba en extase. Et lorsqu'il était en extase, rien ne lui résistait.

Il brisa les chaînes, réussit à changer de lieu, révoqua la malédiction.

---

1. Tirée d'Élie WIESEL, *Célébrations hassidiques*, Paris, Éditions du Seuil, coll. « Point Sagesse », 1972, p. 17-18.

Ensemble, ils avaient vaincu l'oubli.

Être deux... « *Là où deux ou trois sont réunis en mon nom, je suis au milieu d'eux* », dit Jésus, soulignant la présence « sacramentelle » du frère (Matthieu 18, 20). Jésus envoie ses disciples deux par deux pour le précéder là où il doit proclamer la Bonne Nouvelle (Luc 10, 1).
Nous sommes plus forts à deux que tout seuls. Chacun est gardien de son frère. Pendant que l'un parle, l'autre prie. Et il est plus difficile de tomber dans l'oubli quand on est deux.

<small>Le Huitième sacrement, appelé dès le IVe siècle « sacrement du frère » par saint Augustin, peut être considéré comme la racine et l'aboutissement des sept autres[1].</small>

Faire attention au marchand de sable

Il est sympathique, perché sur son nuage, il jette du sable, de la poudre aux yeux, qui alourdit les paupières et nous plonge dans le sommeil : « *Bonne nuit les petits.* »
Nous connaissons la version pour enfants, mais il y a la version pour adultes.
Cette poudre sympathique nous met spirituellement dans un état comateux dont nous aurons du mal à sortir. Mieux vaut ne pas y entrer.

---

[1]. Jean-Marie KOHLER sur le site *www.recherche-plurielle.net*.

Jésus nous dit d'ailleurs : « *Veillez et priez* » (Matthieu 26, 36-46) ; alors restons éveillés. Paul dira plus tard aux Romains : « *L'heure est venue de sortir de votre sommeil* » (13, 11-12).

Une stratégie efficace : la fuite

Notre orgueil va en prendre un coup ! Fuir… signe de lâcheté ou intelligence du combat ?

Beaucoup sont morts au combat par manque d'humilité. L'orgueil les a rendus présomptueux.

S'il y avait besoin de glisser en ce lieu une sentence de sagesse, nous pourrions dire : « Mieux vaut être humble et vivant qu'orgueilleux et mort. »

Tous les saints ont préconisé la fuite, mais pas n'importe quelle fuite. Pas la fuite par peur, mais par stratégie.

L'exemple nous en est donné dès le début des Évangiles, par Jésus et la Sainte Famille. Pour échapper au massacre des Innocents, ils fuient sur l'ordre de l'ange en Égypte, attendant que passe le temps de la répression (Matthieu 2, 13-23).

Saint Jean de la Croix conseille lui aussi la fuite comme le retranchement de l'âme exercée au combat :

> Chose admirable, dès que l'âme sent la présence de l'ennemi perturbateur, et sans qu'elle sache ce qui se passe ou fasse rien par elle-même, elle s'enfonce dans la

partie la plus intime d'elle-même ; elle se rend très bien compte qu'elle pénètre dans un certain refuge où elle est plus éloignée et cachée de son ennemi ; de la sorte qu'elle augmente la paix et la joie que le démon prétendait lui ravir[1].

Détalons, tournons les talons, jusqu'au moment où, forts dans la foi, éprouvés au feu de la mitraille, nous serons capables de tenir tête ; et comme le dit l'Écriture : « *Résistez au diable et il fuira loin de vous* » (Jacques 4, 7).

---

1. *Nuit obscure*, livre II, chap. 23, *in* Père MARIE-EUGÈNE, *Je veux voir Dieu*, chap. 7, page 114.

Entraînement spirituel

- **Quelle place l'écoute de la Parole, la lecture de la Bible occupent-elles dans notre vie de foi ?**

- **Quelle mémoire avons-nous personnellement de notre histoire sainte ? L'écrire pour s'en souvenir n'est pas chose inutile.**

- **Sommes-nous dans la solitude par ordre du Seigneur ou par négligence ? Avons-nous des frères avec qui partager notre foi ?**

EN CONCLUSION, ARMONS-NOUS DE PATIENCE

La patience est une vertu qui est mise à mal dans un siècle du « tout, tout de suite » ; je ne vais pas vanter les bienfaits de l'épargne préalable sur le crédit décidé en un instant ; mais savoir patienter est une qualité qui évite bien des déconvenues.

Souvenez-vous de la mauvaise-bonne nouvelle que je vous ai annoncée au début de ce parcours du combattant. De la patience, il va nous en falloir. L'ennemi va tout mettre en œuvre pour nous faire perdre le peu que l'on a et nous faire tomber dans ses pièges.
Par définition, il est impatient, il sait que son temps est compté, car le Seigneur l'a vaincu. Et nous, nous participons à cette victoire, victimes seulement des soubresauts de la bête.

Pour pouvoir patienter sainement, on ne peut patienter que saintement. Il ne s'agit pas uniquement de prendre son mal en patience, il ne s'agit pas « d'avoir » de la patience, il s'agit « d'être » patient.

La patience, nous enseigne Paul, est fruit de l'Esprit. C'est à l'Esprit Saint de le produire en nous. Encore faut-il laisser l'Esprit Saint agir, nous laisser faire par lui.

Mais le fruit de l'Esprit, c'est l'amour, la joie, la paix, la patience, la bonté, la bienveillance, la foi, la douceur, la maîtrise de soi.
(Galates 5, 22)

Il va nous falloir du temps pour devenir des saints, des guerriers accomplis, sachant mener le bon combat heure après heure, jour après jour.
Sainte Thérèse d'Avila nous le rappelle :

Que rien ne te trouble,
Que rien ne t'effraie,
Tout passe,
Dieu ne change pas.
La patience obtient tout.
Celui qui a Dieu
Ne manque de rien.
Dieu seul suffit[1].

---
1. Thérèse d'Avila, *Poésies*, IX, *in CEC*, § 227.

La patience, non seulement utile dans le combat spirituel, est aussi le signe de la charité dans nos vies. Cette charité saura désamorcer toutes les bombes posées par l'adversaire sur notre route.

La charité est patiente, elle est pleine de bonté ; la charité n'est point envieuse ; la charité ne se vante point, elle ne s'enfle point d'orgueil, elle ne fait rien de malhonnête, elle ne cherche point son intérêt, elle ne s'irrite point, elle ne soupçonne point le mal, elle ne se réjouit point de l'injustice, mais elle se réjouit de la vérité ; elle excuse tout, elle croit tout, elle espère tout, elle supporte tout.

(Hymne à la charité, 1 Corinthiens 13, 4-7)

Revêtir l'armure de Dieu, c'est ni plus ni moins revêtir le Christ. L'avoir revêtu, c'est être comme lui habité par l'Esprit Saint et manifester les mêmes sentiments, les mêmes attitudes, notamment la patience, signe de l'infinie miséricorde de Dieu.

Voilà notre combat, que seule la foi nous permettra de gagner. Il nous faut toujours prier, sans nous lasser, avec la patience de la foi, comme la veuve qui sans cesse frappait à la porte du juge (Luc 18, 1-8). Il nous faut combattre, sans nous lasser.

C'est avec une certaine nostalgie que je repense aux vacances de mon enfance dans les Vosges, où j'avais l'insigne privilège, moi, le gamin de la ville, d'être emmené à la pêche le long d'un torrent aussi impétueux que sinueux.

Là, je voyais mon vieux paysan, taillé dans le granit, observer une truite qu'il avait repérée depuis quelques temps. Il ne la pêchait pas, attendant qu'elle grandisse...

C'était un autre monde... c'était ici ;
c'était il y a fort longtemps... c'était hier !

C'est par votre patience que vous posséderez vos âmes.
(Luc 21, 19)

Et comment ne pas terminer sur l'exhortation de Jésus, notre Maître bien-aimé :

Dans le monde vous aurez à souffrir. Mais gardez courage ! J'ai vaincu le monde.
(Jean 16, 33)

Achevé en la fête de sainte Thérèse d'Avila, 2013.

LA BONNE NOUVELLE

Nous ne combattons pas à mains nues. Nous avons des armes pour nous battre et nous sommes vainqueurs ! Car le Christ a remporté la victoire suprême : il a vaincu la mort. Il est ressuscité, et il nous a fait deux promesses essentielles :

Je suis avec vous tous les jours, jusqu'à la fin du monde.
(Matthieu 28, 20)

Et voici, j'enverrai sur vous ce que mon Père a promis ; mais vous, restez dans la ville jusqu'à ce que vous soyez revêtus de la puissance d'en haut.
(Luc 24, 49)

Le Christ est à nos côtés et il nous a envoyé l'Esprit Saint. Nous pouvons proclamer avec saint Paul :

Si Dieu est pour nous, qui sera contre nous ? Lui, qui n'a point épargné son propre Fils mais qui l'a livré pour nous tous, comment ne nous donnera-t-il pas aussi toutes choses avec lui ? Qui accusera les élus de Dieu ? C'est Dieu qui justifie ! Qui les condamnera ? Christ est mort ; bien plus, il est ressuscité, il est à la droite de Dieu, et il intercède pour nous ! Qui nous séparera de l'amour de Christ ? Sera-ce la tribulation, ou l'angoisse, ou la persécution, ou la faim, ou la nudité, ou le péril, ou l'épée ? selon qu'il est écrit :

C'est à cause de toi qu'on nous met à mort tout le jour, qu'on nous regarde comme des brebis destinées à la boucherie. Mais dans toutes ces choses nous sommes plus que vainqueurs par celui qui nous a aimés. Car j'ai l'assurance que ni la mort ni la vie, ni les anges ni les dominations, ni les choses présentes ni les choses à venir, ni les puissances, ni la hauteur, ni la profondeur, ni aucune autre créature ne pourra nous séparer de l'amour de Dieu manifesté en Jésus Christ notre Seigneur.

(Romains 8, 31-39)

LA MAUVAISE NOUVELLE

Si vous pensez que le combat cessera un jour : grossière erreur !

La guerre durera toute votre vie.

Pourtant vous n'aviez pas tout à fait tort. Le combat cessera un jour, lorsque le Christ viendra avec ses anges dans la gloire :

> *Car le Seigneur lui-même, à un signal donné, à la voix d'un archange, et au son de la trompette de Dieu, descendra du ciel, et les morts en Christ ressusciteront premièrement.*
> *Ensuite, nous les vivants, qui serons restés, nous serons tous ensemble enlevés avec eux sur les nuées, à la rencontre du Seigneur dans les airs, et ainsi nous serons toujours avec le Seigneur.*
> *Consolez-vous donc les uns les autres par ces paroles.*

(1 Thessaloniciens 4, 16-18)

Alors il nous dira :

Venez les bénis de mon Père, recevez en héritage le Royaume…
(Matthieu 25, 34)

D'ici-là, mieux vaut être bien équipés et savoir manier les armes que Dieu a mises à notre disposition.

Surprise

> Si on y regarde de plus près,
> ce que nous appelions mauvaise nouvelle
> est en réalité une bonne nouvelle !

Nous comprenons, grâce au message des Écritures et à l'exemple du Christ, le sens de notre vie ici-bas. Comme l'a proclamé saint François d'Assise : « L'amour n'est pas aimé. » Il s'agit donc de consacrer notre vie à faire aimer l'amour… et ça, c'est un énorme combat et une éclatante victoire. Alors apprenons à livrer ce « bon » combat.

INDEX DES SOURCES BIBLIQUES CITÉES

Traduction Louis Segond, 1910. Libre de droits.
- p. 10 : Matthieu 11, 12 ; Matthieu 10, 34
- p. 25 : 2 Timothée 4, 3-4.7
- p. 39 : Galates 6, 7-8
- p. 40 : Jean 3, 8
- p. 42 : Philippiens 4, 7
- p. 47 : Colossiens 2, 15
- p. 49 : Matthieu 6, 24 ; Luc 11, 17
- p. 50 : Luc 11, 23
- p. 53 : 2 Timothée 4, 7-8
- p. 62 : Marc 2, 21
- p. 68 : Luc 11, 17-26
- p. 73 : Matthieu 7, 24-27
- p. 81 : Colossiens 1, 28-29
- p. 82 : Psaume 143 (144), 1-6
- p. 85 : Psaume 7, 10
- p. 88 : Marc 1, 24
- p. 90 : Jean 3, 19
- p. 103 : Éphésiens 6, 15
- p. 105 : Luc 1, 34 ; 10, 5
- p. 107 : Luc 10, 5 ; 1 Corinthiens 13, 3
- p. 110 : Genèse 15, 1
- p. 112 : Jean 10, 7.9
- p. 120 : Matthieu 19, 25-26
- p. 121 : Jean 6, 47 ; Romains 8, 16
- p. 125 : Éphésiens 6, 13.17
- p. 127 : Matthieu 10, 34
- p. 128 : Hébreux 4, 12
- p. 130 : Matthieu 4, 1-11
- p. 132 : Matthieu 10, 34 ; Jean 14, 27
- p. 138 : 1 Samuel 17, 1…58
- p. 145 : Matthieu 17, 20
- p. 147 : 2 Corinthiens 12, 10
- p. 155 : Jean 17, 16
- p. 161 : Exode 17, 8-14
- p. 164 : 1 Pierre 5, 8
- p. 170 : Romains 10, 17
- p. 171 : Éphésiens 4, 29
- p. 175 : 1 Corinthiens 14, 4.14.18

- p. 186 : Matthieu 5, 45
- p. 207 : Deutéronome 4, 1.4.9
- p. 208 : Deutéronome 6, 20-24
- p. 217 : 1 Corinthiens 13, 4-7
- p. 221 : Luc 24, 49
- p. 222 : Romains 8, 31-39
- p. 225 : 1 Thessaloniciens 4, 16-18

Bible de Jérusalem
© Éditions du Cerf, 1973.
Tous droits réservés.
- p. 17 : Éphésiens 6, 13
- p. 31 : Matthieu 5, 14.16
- p. 33 : Philippiens 3, 19
- p. 40 : Galates 5, 1
- p. 54 : Éphésiens 6, 10-18
- p. 55 : Éphésiens 6, 10
- p. 59 : Éphésiens 6, 11
- p. 65 : Éphésiens 6, 12
- p. 71 : Éphésiens 6, 13
- p. 76 : 2 Corinthiens 6, 4-7
- p. 78 : Siracide 27, 8
- p. 79 : Jean 14, 6 ; Malachie 3, 20 ; Jean 14, 1 ; Luc 19, 10
- p. 88 : Psaume 84 (85), 11
- p. 90 : Jean 14, 6
- p. 94 : 1 Pierre 5, 8
- p. 95 : Matthieu 5, 20
- p. 96 : Siracide 27, 8-10
- p. 97 : Jean 5, 39-40
- p. 102 : Matthieu 5, 30
- p. 103 : Marc 16, 15
- p. 106 : Colossiens 1, 20 ; Matthieu 5, 9
- p. 107 : Philippiens 4, 7
- p. 109 : Éphésiens 6, 16
- p. 112 : Éphésiens 4, 5-6
- p. 117 : 1 Jean 5, 4
- p. 119 : Éphésiens 6, 17
- p. 122 : 2 Timothée 1, 8-9 ; Tite 3, 5
- p. 127 : Éphésiens 6, 17
- p. 132 : Éphésiens 4, 29
- p. 155 : Éphésiens 6, 18
- p. 156 : Matthieu 26, 41
- p. 181 : Éphésiens 5, 19
- p. 203 : Luc 9, 59-60
- p. 205 : Matthieu 12, 20
- p. 211 : Matthieu 26, 36-46
- p. 212 : Jacques 4, 7
- p. 218 : Jean 16, 33

Traduction œcuménique de la Bible
© Société biblique française – Bibli'O et Éditions du Cerf, 2010.
Tous droits réservés.
- p. 10 : Luc 14, 26
- p. 23 : Galates 1, 6
- p. 25 : Galates 3, 1
- p. 31 : Romains 13, 12
- p. 79 : Jean 14, 27
- p. 93 : Éphésiens 6, 14
- p. 99 : Siracide 3, 30

- p. 162 : Matthieu 6, 3
- p. 183 : Romains 6, 11

**Bible de la liturgie
© AELF, Paris, 1980.
Tous droits réservés.**
- p. 7 : 2 Pierre 1, 10-11
- p. 48 : 2 Corinthiens 5, 15
- p. 77 : Psaume 143 (144), 1
- p. 97 : Psaume 84 (85), 11
- p. 110 : Psaume 17 (18), 31 ; Psaume 83 (84), 10
- p. 115 : Colossiens 2, 7…9.15
- p. 117 : Luc 11, 22
- p. 156 : Luc 1, 37
- p. 170 : Luc 8, 18
- p. 183 : Marc 14, 38
- p. 186 : Psaume 26 (27)
- p. 191 : Psaume 142 (143), 3-4
- p. 204 : Psaume 134 (135), 15-18
- p. 205 : Psaume 136 (137), 5.6
- p. 211 : Romains 13, 11-12
- p. 221 : Matthieu 28, 20
- p. 226 : Matthieu 25, 34

Traduction libre de l'auteur à partir de sources bibliques variées.
- p. 13 : 1 Timothée 1, 18 ; 6, 12
- p. 37 : Galates 5, 16 ; Romains 7, 15
- p. 40 : Galates 5, 16.25
- p. 45 : Luc 11, 23
- p. 46 : Luc 14, 26-27 ; Colossiens 1, 24
- p. 51 : Luc 11, 23
- p. 80 : Galates 3, 27 ; Romains 13, 12.14
- p. 83 : Éphésiens 6, 14
- p. 96 : Marc 9, 29
- p. 101 : Éphésiens 6, 15
- p. 105 : Psaume 68 (69), 10
- p. 108 : Isaïe 52, 7
- p. 110 : Psaume 3, 4
- p. 111 : Actes des Apôtres 4, 12
- p. 114 : Hébreux 11, 1
- p. 115 : 1 Corinthiens 2, 2
- p. 121 : 1 Thessaloniciens 5, 9-10
- p. 129 : Apocalypse 1, 16
- p. 130 : Luc 11, 28
- p. 132 : Apocalypse 2, 12
- p. 146 : Galates 3, 27
- p. 157 : 2 Corinthiens 12, 10
- p. 159 : Romains 8, 26-27
- p. 167 : Marc 9, 28-29
- p. 178 : Romains 8, 26-27 ; Matthieu 26, 41
- p. 195 : Galates 5, 16
- p. 210 : Matthieu 18, 20
- p. 216 : Galates 5, 22
- p. 218 : Luc 21, 19

TABLE DES MATIÈRES

Adresse aux lectrices et aux lecteurs.......................... 9
Pour nous mettre dans le bain................................ 13
Nos préparatifs au combat................................... 17

SORTONS DE NOS CONFLITS INTÉRIEURS 21
Cessons de nous battre contre des moulins à vent.... 23
Nous sommes des chrétiens… pas des schtroumpfs ! 29
Discernons entre conflit et combat 37
Réalisons notre unité intérieure
et rejoignons notre unité...................................... 45

ENTRAÎNONS-NOUS AU « BON » COMBAT...... 53
Le texte de référence 54
Fortifions-nous ! 55
Équipons-nous pour le combat............................. 59
Identifions clairement l'adversaire......................... 65
Développons notre endurance 71

REVÊTONS L'ARMURE DE DIEU 75
Quelques précisions fort utiles sur les armes
pour le combat spirituel.. 77
Hymne de combat et de victoire 82
La ceinture de la Vérité... 83
La cuirasse de la Justice... 93

Les chaussures du Zèle 101
Le bouclier de la Foi 109
Le casque du Salut 119
Le glaive de l'Esprit 127
Armement de base et armes spécifiques 135
   La fronde de Marie, le chapelet 137
   Les neuvaines 149

NOTRE MODE DE VIE DE CHRÉTIEN AU COMBAT 153

Vivons dans un esprit de prière 155
Jeûnons et prions 167
Parlons en langues 175
Prions et louons le Seigneur avec le cœur 181
Respirons et marchons dans l'Esprit 191
Soignons nos blessures (La confession) 197
L'arme chimique du diable, l'oubli 203

EN CONCLUSION, ARMONS-NOUS DE PATIENCE 215

La bonne nouvelle 219
La mauvaise nouvelle 223

adn@monastere-invisible.com

Retrouvez ses enseignements hebdomadaires
(abonnement gratuit par flux RSS)
et
les événements de la Fraternité sainte Croix sur :
www.monastere-invisible.com

Achevé d'imprimer en mai 2019
par SEPEC en France
Z.A. «Les Bruyères» 1 rue Prony
01960 Péronnas

Dépôt légal : janvier 2014
N° d'édition : 19156-02